KB065406

요즘 문창과 어때요?

그럼에도 쓰는 마음

해이수·김태용·김덕희 엮음

차례

24학번·운문 실기

24학번·산문 실기

졸업생

지도교수

24학번·운문 실기

문장을 넘어

김나현(숭실대)

수능이 끝나면 가장 먼저 뭘 하고 싶어? 엄마는 당시 재수를 하고 있던 나에게 그렇게 물으셨다. 엄마는 어느 정도 예상했던 답변이 있다고 하셨다. 이를테면 하루 종일 늘어지게 자기, 친구들과 먼 곳으로 여행 가기 같은 것이었다. 그러나 나는 엄마의 예상에서 완전히 빗나간 대답을 했다. 그동안 읽지 못했던 시집을 쌓아 두고 읽고 싶어. 지금의 나는 그 대답을 기억하지 못하지만, 엄마는 종종 그 일을 언급하며 참 신기하다고 말씀하신다. 왜냐하면 당시의 나는 문창과 진학을 꿈에도 생각하고 있지 않았으니까.

중학교 때까지는 꼭 글을 쓰고 싶었다. 소설가, 드라마 작가, 잡지 에디터 등 때마다 원하는 직업은 달랐지만, 그 직업들 모두 '글을 쓴다'는 공통점이 있었다. 당시의 나는 예고의 문창과 진학을 무척이나 희망했지만, 부모님의 완고한 반대로 그 꿈을 접게 되었다. 그렇게 일반고로 진학하고 학업에 몰두하면서 문학과는 자연스럽게 거리를 두게 되었던 것 같다. 고등학교 생활 기록부에는 희망하는 진로를 적는 칸이 있었는데, 1학년 때는 기자를 썼으면서 2, 3학년 때는 갑자기 CEO를 적은 것을 생각하면 아직도 웃음이 난다.

나는 다른 대학교에 다니면서 입시 준비를 했다. 대학교 학업과 입시를 병행하여 숭실대에 온 가장 큰 이유는 내가 그 대학교의 졸업을 앞두고 있었기 때문이다. 나는 당장 취업할 생각이 하나도 없었고, 문학에 대한 지식이 전무한 채로 이 년이라는 시간을 보내 버린 것이 아쉽기도 했다. (그곳에서의 내 전공도 문예창작과였다. 그곳에는 짧은 준비를 통해 산문 전공으로 입학했다.) 또한 이왕이면 새로운 환경에서 문학을 공부하고 싶은 마음이 들었고, 특히나 운문 장르에 막 관심을 가지게 되어 입시를 결정하게 되었다.

주변에 혼자 책을 읽고 글을 써서 대학에 붙은 친구들도 많지만, 나 같은 경우에는 여름 방학 때부터 학원의 도움을 받았다. 아무래도 정신력이 약한 내가 의지를 잃지 않고 정진할 수 있도록 도와주는 시스템이 필요했던 것 같다. 그곳의 좋은 점은 입시만을 위한 문학을 추구하지 않았던 것이다. 그곳에서는 입시가 끝나고 나서도 지속적으로 글을 쓸 수 있는 방향으로 나를 이끌어 주었다. 우리가 목표하는 글은 합격작이 아니라 등단한 작가들의 작품이라고 하신 선생님의 말씀이 지금도 생생하다.

좋은 선생님을 만나는 것은 분명 중요하다. 그러나 좋은 선생님만큼 중요한 것은 개인의 노력이라는 생각이 든다. 선생님이 아무리 유익한 내용을 가르쳐 주어도 내가 그것을 복습하지 않고, 다음 글에 선생님의 피드백을 적용하지 않고, 이외의 추가적인 노력을 하지 않으면 아무 소용이 없는 것 같다. 나는 수업이 끝나면 아무리 귀찮아도 근처의 카페로 들어가 그날 배운 내용을 복습했다.

당연한 이야기이긴 하지만 선생님이 말씀하시는 피드백의 내용이 이해되지 않으면 무조건 다시 여쭤보는 것도 중요하다. 그래도 이해가 되지 않으면 이해가 될 때까지 여쭤봐야 한다. 괜히 눈치가 보여서 어물쩍 상황을 넘기면 반드시 그 문제점이 내 글에 다시 발생할 것이다. 그렇게 발전을 이루지 못하고 시간을 낭비하는 것보다는 차라리 질문을 여러 번 하고 빠르게 그 내용을 적용하는 편이 낫다는 게 나의 생각이다.

그리고 나는 시집 필사를 많이 했는데, 그게 실력 향상에 큰 도움이 되었다. 필사를 하면 시인이 쓴 문장을 천천히 뜯어볼 수 있게 되어 내용도 더 피부에 와닿는다. 또한 시에 대한 감각을 익히고 시인만의 독특한 표현을 배울 수 있게 되어 좋은 것 같다. 필사 이외에도 존경하는 교수님께 따로 부탁을 드려 한 학기 동안 운문 수업을 청강했었다.

입시를 하는 동안 마음이 아예 힘들지 않았다고 하면 그건 거짓말이다. 남들보다 수험 생활이 길었던 만큼 몇 배로 긴장된 상태로 매일을 보냈고, 불확실한 미래를 생각하면 가슴 한쪽이 타들어 가는 기분이 들었다.

다른 대학 문창과의 2차 면접을 보고 온 날이었다. 최종적으로 이번 입시의 마침표를 찍는 날이기도 했다. 1차 합격 소식을 듣자마자 며칠간 열심히 면접을 준비했는데, 막상 면접에서는 말을 조리 있게 하지 못했다. 학교에서 집으로 가는 두 시간 반 동안 스스로를 원망했다. 더 괜찮은 답변들만 뒤늦게 생각이 났다. 이렇게 하면 좋았을걸. 왜 그때는 더 잘하지 못했지. 듣기로 다른 합격자들은 면접 분위기가 좋았던 것 같은데, 나의 면접은 전혀 그렇지 않은 것 같았다. 꼭 내가 내 손으로 기회를 놓쳐 버린 느낌이었다.

집에 도착해서도 속상한 마음에 한참을 울었다. 그러다가 문득 머릿속에서 어느 순간이 스쳐 갔는데, 그건 학교 앞 카페에서 혼자 덜덜 떨며 예상 답변을 외우던 내 모습이었다.

나도 노력하지 않았던 게 아닌데. 매번 진심이었고 최선을 다했는데. 나조차도 나를 혼자 두게 했다는 생각이 난생처음 들었다. 그게 너무 미안했다.

정확히 그날부터 나의 태도가 달라졌던 것 같다. 결과를 기다리는 내내 긴장이 되는 것은 어쩔 수 없었지만, 설령 모든 대학에서 불합격을 받더라도 스스로를 내치지 않겠다는 생각이었다. 입시의 결과보다도 내가 더 중요했고, 나만은 나를 포기하지 않고 싶었다. 이번 입시에서 내가 얻은 가장 의미 있는 것은 대학 합격증이 아니라, 스스로를 아끼는 마음이다.

숭실대 발표가 났던 날이 아직도 기억난다. 그날 읽고 큰 힘을 얻었던 문장을 공유해 본다. '행동을 취하고 그 과정 속에서 충실하게 살되, 결과는 나에게 유리하게 나타날 거라 믿고 내맡기며 살기. 그러니까 어차피 인생에 나타나는 모든 일들이 나에게는 필요한 일이기 때문에, 내 인생은 그 자체로 완벽하다고 생각하고 현재를 묵묵히 살아가기.' 나는 이 문장을 계속해서 읊조리며 집으로 향했다. 가로등 불빛에 비치는 흰 눈이 참 예쁘다고 생각했다. 그리고 그걸로 되었다는 이상한 생각이 들었다.

입시가 매 순간 힘들어야 하는 건 아니다. 그런 마음으로 지내야만 대학에 붙는 것도 아닌 것 같다. 힘든 순간이 없었던 건 아니지만, 나는 진심으로 작년이 즐거웠다. 이렇게 내 글을 지속적으로 쓸 수 있는 환경에 놓여 있다는 것이 감사했고, 좋아하는 시집들을 읽는 것이 입시에 도움이 된다는 것이 좋았다. 그리고 내 인생에서 이렇게 주기적으로 문학을 이야기할 수 있는 기회가 얼마나 있을까 생각하면 그 시간이 매우 소중해졌다. 문예창작과는 타 학과들과는 아예 다른 입시 방식으로 치러지고,

그래서 주로 문학에 진심인 사람들이 지원하므로 오히려 입시 과정이 마냥 험난하게 느껴지지는 않을 것 같다. 나도 입시를 입시로만 바라보지 않았고, 하고 싶은 공부를 할 수 있다는 것은 그 자체로 행운이라는 생각이었다. 대학 합격이라는 결과에 과도하게 집착하기보다, 내가 이 과정에 집중하고 최선을 다해 임하면 좋은 결과는 자동으로 따라오는 것이 아닐까 싶다. 의지를 불태우는 것은 분명히 좋은 태도이지만, 그렇다고 너무 달려버리는 나머지 스스로까지 두고 가는 일이 없었으면 좋겠다. 뽑는 인원이 너무 '적다'는 것에 초점을 두지 말고, 어쨌든 뽑는 인원이 '있다'는 것에 집중하기. 바꿀 수 없는 것에 신경 쓰지 말고 현재 바꿀 수 있는 것에 집중하기. 이 글을 읽는 당신에게도 행운이 깃들기를 바란다.

김나현
여름에 수박을 먹을 때 가장 행복하다고 느끼며 편지 쓰는 것을 어려워한다. 시가 너무 좋다가도 하나도 모르겠다고 생각한다.

어려운 일

김민정(숭실대)

　나의 이야기를 쓰는 기회가 생길 때면, 마음에도 없는 멋진 문장을 쓰면서 나를 돋보이기 위해 애썼다. 이런 행위도 문학이라고 할 수 있을까. 입시가 끝난 지 6개월이 흘렀다. 입시가 사라져 버린 나의 마음속에는 지금 어떠한 욕심도 없으니까 솔직하고 재미없게 나의 이야기를 해 봐야겠다.

　잔머리든 걱정이든 항상 너무 많은 생각을 가지고 살았던 나는 학교 공부를 하기가 싫었다. 특히나 수학은 두 명의 과외 선생님과 공부해도 성적이 전혀 늘지 않았다. 고등학교 원서를 넣는 시기에 부모님은 나에게 문창과에 가라고 하셨다. 거기는 너의 엉뚱한 생각들을 잘 받아 줄 거라고. 나 스스로 문학에 손을 뻗었던 건 그때부터였던 것 같다. 근데 결과적으로 문창과에 가려면 공부도 많이 해야 했다.

입시 준비는 안개 속을 걷는 기분이었다. 문예창작 입시라는 게 중간 점검을 할 수 있는 것도 아니다. 오늘의 결과가 너무 좋으면 내일의 결과가 두려워졌다. 당연한 거지만 힘들었고 막막했다. 글 속에서 고쳐야 할 부분을 듣고 있는데도 나는 고치는 방법을 몰랐다. 힘이 있는 문장을 쓰라니. 손에는 힘을 가득 주고 시를 쓰는데 나의 문장에는 힘이 없다고 했다.

첫 수시 때 선생님이 외워 가라 했던 습작 시들을 잘 외웠고 적어 제출했다. 당일에 시제라는 게 주어지는데 이게 어떻게 가능할 수 있는 거지, 의심했다. 의심대로 나는 여섯 곳 수시에서 모두 떨어졌다. 내가 했던 의심을 분석했다. 다행히도 나는 내가 뭘 잘못하고 있었는지 확실히 알았다. 그런데도 불구하고 정시 시험을 봤을 때 똑같은 실수를 했다. 두 개의 학교에 외웠던 시들을 적어냈다. 사람이 불안하면 어쩔 수 없나 보다. 초행길에서 내비게이션의 말을 절대로 듣지 않는 사람처럼 말이다. 마지막 남은 학교에서 외워 간 습작 시와 엮을 자신이 없는 시제를 받았다. 그때 그냥 나의 이야기를 썼다. 내가 가장 잘할 수 있는 이야기들을 적었다. 진짜 나의 이야기니까 흉내 내지 않는 진심을 적어낼 수 있었다. 결과는 합격이었다. 그리고 나는 엄마를 껴안았다. 미안함과 고마움 이런 복잡한 감정들 말고 오직 기쁜 마음 하나로 꽉 껴안았다.

여러 시 선생님들을 바꿔 보며 수업을 했다. 많은 수업 방식을 경험해 봤고 '이 방식이 나한테 가장 잘 맞았어'라고 말할 수 있는 깨달음도 있었다. 그치만 언제나 통했던 건, 쓰기 위한 마음이었다. 하나의 시를 습작하는 데 얼만큼의 진심을 들일 수 있는지가 나에겐 가장 중요했다. 내가 제일 열심히 말할 수 있는 것들을 골랐다. 꿈, 바다, 숲, 좋아했던 사람. 좋아하는 것들을 생각하고 주어진 시제에 결부 지었다. 그렇게 어떻게라도 연결 지어 손놀림을 했다. 몇 문장 쓰지도 않았는데 그 몇 문장이 내가 가장 아끼는 문장이 되었다. 아끼고 마음이 가는 문장들은 다른 누군가도 똑같이 느끼기 마련이었다. 입시를 하면서 확실하게 느낄 수 있었다.

대학에 들어온 지 얼마 되지 않았기에 아직 입시 문학과 진짜 문학의 선에서 나는 자주 넘어진다. 입시 문학도 진짜 문학이겠지만, 이런 혼란 속에서 넘어진다는 말이다. 문학을 배워 본 소감이라고 한다면, 문학을 배우기 전에는 종이 안에 '사랑해'만 가득 적었다. 하지만 이제는 사랑이라는 단어 없이 사랑을 말하고 싶은 욕심이 생긴다.

나는 사 년째 문학을 공부하고 있지만 아직도 너무나 어렵다. 하지만 확실하게 말할 수 있는 건 이 어려운 것들을 나는 사랑한다. 또 사랑한다고 말해 버렸다…. 아직 나는 문학이 너무 어렵다.

김민정

누룽지 같은 글을 쓰고 싶어요. 곁에서 마음을 데울수록 하고 싶은 이야기가 많아져요.

마트료시카 오믈렛 만들기

김현우(단국대)

오믈렛과 주스 한 잔으로 허기진 속을 달랜 뒤 카운터로 갔다. 처음 보는 식당에 기대 없이 들어갔는데 그 맛이 만족스러워 옅은 웃음이 지어졌다. 머리를 뒤로 묶은 캐셔는 포스기 화면을 손톱으로 두드리며 명쾌하게 외쳤다.

"일억 삼천만 원입니다."

문보영의 시 「캐셔」에 나오는 식당은 오믈렛과 주스를 먹기 위해 일억 삼천만 원을 지불해야 한다. 그 터무니없는 가격에 항의를 해 보아도, 캐셔는 요지부동이다. 식사가 값비싼 이유는 "이곳에 방문함으로써 선택하지 않은 수많은 식당의 음식값이 포함돼" 있기 때문이라며, 어쩔 수 없다는 듯 어깨를 으쓱인다.

「캐셔」에서 오믈렛은 가능성의 요리로 표현된다. 이를 느껴 보기 위해, 푼 달걀 세 개에 소금과 후추로 간을 맞춘 뒤 재료를 자유롭게 선택하여 직접 오믈렛을 만들어 보자. 당신은 거기에 잘게 자른 햄을 넣을 수도 있고, 어쩌면 이탈리아식으로 베이컨과 치즈를 넣을 수도 있다. 건강을 생각한다면 양파와 당근을 한 움큼 쥘 것이고, 모처럼 기억에 남는 식사를 하고 싶다면 새하얀 설탕을 달걀물 위에 흩뿌릴 것이다. 당신이 어떤 식재료를 선택했든 오믈렛은 여전히 오믈렛으로 남아 있기에, 오믈렛은 너그럽다. 그 수많은 가능성을 노란 입 속에 감춘 뒤 묵묵히 익어 갈 뿐이다.

　모락모락 김을 내뿜는 오믈렛 속에는 일억 삼천만 개의 식재료가 담겨 있다. 아직 맛보지 않았기에 확정되지 않은 것이다. 어쩌면 캐셔가 말한 "일억 삼천만 원"은 가능성의 값어치일지도 모른다. 길거리에 있는 수많은 식당 중에서 하필 처음 보는 식당에 들어가고 싶었고, 메뉴판에 있는 수많은 음식 중에서 하필 오믈렛을 먹고 싶었던 그 가능성 말이다. 나는 「캐셔」의 화자가 처음으로 오믈렛을 맛본 그 순간을 상상한다. 모든 것이 확정된 그 순간을 한번 떠올려 본다.

*

'내가 어쩌다가 처음 문학을 시작했지?'
그것은 오믈렛에 관한 시를 읽다가 문득 든 생각.

'내가 어쩌다가 오믈렛을 좋아하게 됐지?'

오믈렛으로 가득 찬 나의 글을 읽다가 생겨난 걱정.

'아무래도 나는 오믈렛 인간이다.'

그것은 오믈렛을 씹을 때만 느낄 수 있는 부드러운 질감. 나만 내릴 수 있는 결론.

*

나도 모르는 사이에 만들어진 오믈렛이 있다. 그 속에서 나는 취향껏 다양한 재료를 손질하는 중이다. '재수'라는 이름이 붙여진 오믈렛을 나이프로 잘라 보면, 달걀지단 한 겹이 흘러내리며 '대학'이라는 오믈렛이 등장한다. 오믈렛 속에 오믈렛을 만드는 일. 문학 속에 나의 삶을 집어넣는 일이다.

나의 재수 기간은 남달랐다. 빈말이 아니라 그간에 있었던 몇몇 에피소드를 여러 친구에게 들려줄 때마다, "너 어떻게 합격했냐?"라는 순수한 의문이 튀어나오곤 했다. 그 이야기를 대략 간추리면 이러하다. 실기 시험이 4개월 남았을 때, 우연히 읽게 된 시가 너무 아름다워서 지난 일 년간 준비했던 산문을 접어 두고 실기 방식을 운문으로 변경한 일. 낯선 공간에서 발견할 수 있는 낯선 사유를 가지고 싶어서 7박 8일 일본 자유여행을 떠난 일. 생활감이 느껴지는 시를 쓰고 싶어서 3개월 동안 편의점 야간 알바와 중국집 서빙 파트타임 알바를 함께 한 일. 오롯이 글에 집중할 수 있는 환경을 갖추고자 노량진 고시원 방에 들어간 일……. "어쩌면 나는 이렇게 해야만 합격했을지도 몰라." 친구가 어이없다는 표정을 지을 때마다 나는 웃으며 대답했다. "대학에 가야 한다는 건 나의 기준이 아니라 세상의 기준이지."

나의 '대학'은 조연호 시인의 「배교」, 교토 금각사에서 찍은 사진 몇 장, 편의점 테이블에 엎어진 컵라면, 고시원 베개에서 말아지던 퀴퀴한 곰팡이 향, 일 년 동안 읽은 소설집과 시집 들이 재료가 되며 만들어졌다.

최근에는 '문학 오믈렛'을 만들고 있는데, 이것이 참 쉽지가 않다. 읽어야 할 책도 많고 배워야 할 지식도 많아 답답하기만 하다. 그럼에도 꾸준히 나만의 가능성을 채워 넣으려 한다. 오믈렛 안에 오믈렛을 만들듯 글을 읽고 글을 쓴다. 트러플을 볶아 넣어 만든 것도 오믈렛이고, 그냥 소금과 후추를 적당히 뿌려 만든 것도 오믈렛이므로. 나의 문학은 노릇노릇 익어 가고 있다. 아무래도 나는 오믈렛 인간이다.

김현우

소설을 쓸 땐 시를 찾고, 시를 쓸 땐 소설을 찾는다. 삶의 도피처에서 도망 다니는 중이다. 언제든지 문학을 그만둘 준비가 되어 있다.

하기 싫은 일도 해내는 것

박윤서(한양여대)

　부모님은 내가 어렸을 때부터 독서에 재미를 붙이길 원하셨다. 집에는 동화책 전집들이 넘쳐났고 좀 더 커서는 과학책 사회책 등 재미있게 세계를 배울 수 있을 책들을 집에 두셨다. 유치원 때부터 읽은 책의 목록을 적는 습관을 들였고 초등학교 저학년 때부터 독후감을 쓰는 것을 삶의 일부로 여겼다. 어느 순간 그 독후감들을 쓴 공책들은 작은 상자 하나를 꽉 채울 정도로 많아져 있었다. 나와 문학의 첫 만남이 기억나지 않을 정도로 나는 문학과 아주 가까이 붙어 지내는 사람이었다. 고개를 돌리면 내가 좋아하는 책들이 넘쳐났다. 내가 좋아하는 동화책들은 옆 귀퉁이가 다 해졌을 정도로 낡아 있었다. 그렇게 책들 사이에 둘러싸여 지내면서 자연스럽게 책을 쓰는 사람이 되고 싶다고 생각했다.

나는 시에도 소설에도 아주 관심이 많은 사람이었다. 중학생 때 소설을 쓰는 것에 관심을 가지게 되면서 소설 실력이 늘었다. 수업 시간 내내 소설만 쓰다가 혼나기도 했다. 공책 여러 개에 내가 좋아하는 이야기들을 마구 써 내려가기 시작했고 그 공책들은 아직도 내 책장 아래에 있다. 나는 그때부터 계속 글을 쓰는 직업을 갖고 싶다고 생각했다. 작가가 되기 위한 학문을 배우고 싶다고 생각했다. 그때부터 문예창작과에 입학하는 것은 내 목표가 되었다.

내 첫 입시는 매우 다사다난했다. 아빠의 반대에도 나는 공부보다 글에 더 중점을 두기 시작했다. 부모님은 내가 공부를 반 포기하고 글 쓰는 것에만 집중하는 것을 매우 못마땅해하셨다. 글을 쓰는 데는 공부가 꼭 필요하다고, 기본적인 공부조차 되지 않는 사람이 어떻게 많은 사람들이 보는 책을 쓸 수 있겠냐고 했지만, 사실 나는 듣지 않았다. 태생부터 내가 하고 싶은 일만 하고 내가 하기 싫은 일은 죽어도 하지 않았던 나는 누구의 말도 듣지 않고 내가 하고 싶은 글만 써 왔다. 그렇지만 글을 쓰는 과정에서도 내가 수행하기 싫어하는 부분, 좋아하는 부분이 생겼다. 나는 시로 입시를 준비했는데 이미지나 발상을 하는 것은 내가 무척 좋아하는 일이었지만 묘사나 기성 시인 작품의 표현을 따라 하고 문장을 습득하는 부분은 너무나 힘겨워하는 부분이었다. 그 부분에서 격차가 나기 시작하자 내 시의 성장이 더뎌졌다. 오직 하고 싶은 것만 하고 살았던 탓에 첫 입시는 모든 학교 불합격으로 막을 내렸다.

아주 어렸을 때부터 아빠는 재수는 절대 안 된다고 못 박아 왔었다. 그렇기에 나도 재수를 지원해 달라고 말할 생각은 추호도 없었다. 재수를 시작하는 데는 누구의 허락도 받지 않았다. 부모님의 지원을 받지 않으면 허락을 안 받아도 된다는 생각 때문이었다. 어차피 나는 하고 싶은 대로 하며 살아와서 다들 놀랍지 않은 눈치였다. 재수를 할 때는 스스로 돈을 벌며 과외를 받았다. 모든 학교에서 다 불합격하자마자 아르바이트를 구하기 시작했는데 남들 다 하고 싶어 하는 아르바이트는 다 경력을 요구했다. 그래서 가장 빠르게 구해진 패스트푸드 아르바이트를 시작하게 되었다. 집 앞 롯데리아는 그다지 장사가 잘되는 편은 아니었는데 피크 시간만 되면 귀신같이 바빠졌다. 피크 시간 때마다 신입인 나는 방해물이 된 것 같았고 내가 너무 쓸모없는 사람이 된 것 같은 기분에 당장이라도 그만두고 싶었다. 하지만 이곳을 그만두고 다른 아르바이트를 구할 자신이 없었고 당장 과외비를 낼 돈이 없어 울며 겨자 먹기로 버텼다. 다행히 한 달 정도 지나자 일이 손에 붙어 빠르게 속도를 낼 수 있었다. 그렇게 겨울이 지나 여름이 막 시작되기 전 아르바이트하던 곳의 폐점이 확정되었다. 당장 막막해지기는 했지만 롯데리아 과장님이 과외비를 버는 나를 신경 써 주셔서 평소보다 일을 더 넣어 주셨다. 그래서 당장 돈을 벌지 못해도 괜찮을 월급이 예정되었고 나는 바로 언덕 너머 사거리에 있는 큰 롯데리아 매장으로 일자리를 옮겼다. 그 매장은 집 앞 매장보다 더 많이 바빴다. 일이 많이 어렵고 주문도 빠른 시간 안에 많이 나가야 하기 때문에 그만두는 인원조차 많았다. 그래서 그쪽 직원들도 신입에게 정을 주지 않고 텃세가 조금 있었다. 물론 조금 버티니까 금방 나아졌고 차츰 정을 붙이며 일할 수 있게 되었다. 오랫동안 일하면서 재수를 준비했지만 일하는 시간이 길고 나조차도 글 쓰는 것에 집중하는 시간이 짧았다. 스무 살 때는 살도 많이 쪄 있었고 지금보다 체력이 약해서 일하고 오면 쉽게 지쳐 쓰러졌다. 그러다 아무것도 쓰지 못하고 잠들기 일쑤였다. 그래서 내 시는 정말 조금씩 성장했다. 오히려 배보다 배꼽이 더 커진 상황이 되어 버렸다. 당연히 이번에도 좋은 결과를 얻지 못했다. 또다시 모든 대학에 다 떨어졌고 부모님도 나도 별로 놀라지 않았다.

　　스무 살 때 열심히 살았다는 인정을 받아서 세 번째 입시를 할 때는 부모님의 지원을 받았다. 부모님의 강력한 주장에 수능 공부를 같이하게 되었지만 어쨌든 수능 공부는 독학이었기에 항상 무언가 잘못되어 가는 것 같은 느낌을 받았었다. 산으로 가는 느낌이 들었지만 시를 쓸 때는 그런 기분이 들지 않았다. 입시를 하면서부터 단 한 번도 만해백일장에서 상을 받아본 적 없었지만 스물한 살에는 우수상을 받았다. 그 전 입시 때보다 순조롭다는 느낌을 받았던 것 같다. 재수 때의 좌절을 겪고, 나는 시를 쓰는 방법을 터득해 갔다. 내가 싫어하는 것도 어쩔 수 없이 해야 한다, 라는 결론에 도달하기까지 많은 시간이 걸렸다. 삼수까지 시작하고 나서야 겨우 깨달은 것이다. 기성 시인의 작품을 모방하는 것이 내겐 힘겨운 학습이었지만 그것을 꾸역꾸역 해내면 내 시는 몰라보게 성장해 있었다. 그 전과 다르게 눈에 띄게 표현력이 늘어서 내 시를 몇 해째 봐 오던 사람들이 다 놀랄 정도였다.

세 번째 입시 만에 처음으로 한양여자대학교 수시를 보았다. 한양여대는 정시보다 수시를 많이 뽑아서 나는 항상 정시에서 떨어졌었다. 나는 더 이상 모험을 하고 싶지 않았다. 그래서 사실 수시에 꼭 붙기를 바랐다. 이왕 이렇게 된 것 장학생으로 입학하고 싶다는 욕심을 가졌고 내가 갔던 시간의 시제는 '오늘의 거짓말'이었다. 운문 시제로는 난이도가 쉬운 편이었다. 하지만 난이도가 낮은 시제를 고른 만큼 더 눈에 띄는 작품을 써야 한다는 부담이 있었다. 남들보다 긴 입시를 준비하며 자기합리화에 빠졌던 경험을 시로 썼는데 내일로 미뤄 둔 계획들을 다음 날에 또 내일로 미루는 이야기였다. 내 경험이 녹아든 이야기라서 쉽게 써졌다. 잠을 자려고 이불을 펼치면 어제 치우지 않았던 양말들이 책갈피처럼 나오는 상황을 썼다. 그 구절이 제일 마음에 들었던 것 같다. 초조한 마음으로 결과를 기다렸고 우수2 장학생으로 한양여자대학교에 합격할 수 있었다. 내 합격 소식을 기다렸던 사람들에게 축하를 받았다. 정시 불합격 발표가 나고 며칠 뒤에 내 생일인 일정이 이 년이나 반복되었는데 올해는 평범하게 행복한 생일 축하를 받아서 신선한 기분이었다.

하기 싫은 일도 해내면서 평범한 하루들을 특별하게 써 가는 시인으로 성장하고 싶다.

박윤서

주로 여름 위를 뛰어다니며, 주식主食은 사랑이고, 시를 베고 잡니다.

그럼에도 적고 싶다는 마음

이소담(한양여대)

내가 기억하는 문학과의 첫 만남은 어느 겨울, 거실 구석에 앉아 『인어공주』와 『성냥팔이 소녀』를 보며 훌쩍였던 것이다. 어쩌다 그 책을 읽게 되었는지, 처음 읽은 것도 아닌데 왜 유난히 슬펐는지… 심지어 몇 살 때 일어났던 일인지조차 전혀 기억나지 않는다. 단지 겨울의 창문 앞, 그 추운 구석에서 물거품이 된 인어공주와 행복한 표정으로 쓰러진 소녀를 보며 울었던 것만이 선명히 남아 있을 뿐이다. 엄마와 아빠는 우는 나를 보고 신기하다며 웃었다. 그럴 만도 하다. 책을 좋아하지도 않던 애가 갑자기 그러고 있는데 얼마나 웃기겠는가.

하지만 저 만남은 슬프게도 나와 문학의 거리를 조금 좁혀주는 데에 지나지 않았다. 왜냐하면 나는 저 이후에도 책 읽는 걸 그다지 좋아하진 않았기 때문이다. 대신 난 '쓰는' 것에 큰 매력을 느끼기 시작했다. 전부터 이야기 만드는 걸 좋아해 혼자 상황극을 자주 했는데, 그날 이후 만든 이야기를 직접 쓸 기회가 많아진 것이다.

시작은 미술 학원이었다. 일곱 살쯤에 다니던 미술 학원에서 어느 날 팝업북 만드는 방법을 알려 줬고, 나는 그게 아주 마음에 들었다. 집에 있던 스케치북은 전부 팝업북을 만드는 데 쓰이게 됐다. 하지만 팝업북은 그냥 종이를 자르고 그림을 튀어나오게 한다고 만들어지는 것이 아니라, 기필코 어떤 이야기가 있어야만 했다. 나는 거기에 어떤 두려움도 없었다. 이야기를 만드는 건 종이를 자르는 것보다도 잘했으니까. 그렇게 튀어나오는 그림에 하나씩 이야기를 붙여 주었고, 그걸 적어 진짜 하나의 책으로 만들어냈다. 그것은 내 최초의 '완성된 이야기'이자 '세상에 공개한 이야기'였다. 이후 몇 번을 자른 종이에 이야기를 붙여 주며 나는 내가 생각한 이야기를 실존하는 것으로 만들기 가장 쉬운 방법이 '쓰는 것'임을 알게 됐다. 내 안에서만 들끓던 이야기들을 내 손으로 세상에 알리다니. 나만 알던 이야기가 남이 재밌어하는 이야기가 된다니! 그걸 안 이상 멈출 순 없어서, 나는 적극적으로 내 안의 이야기를 세상에 어필했다. 팝업북을 만들듯 시화집을 만든다든지, 학교에서 하는 글쓰기 대회에서 상을 따낸다든지. 책을 읽고 써야 하는 독후감만 빼면 글을 써야 하는 숙제들도 빼먹지 않고 해 갔다. 심지어 그 독후감도 쓰기 시작하면 재미있어졌으니 정말이지 쓰는 건 절대 멈추지 않은 셈이다. 그건 이미 어떻게 해야지, 하고 생각하고 해야 하는 것이 아닌 내 인생에 당연하고도 커다란 부분이었다.

결정적으로 글을 쓰겠다 결정하게 된 계기는 그래서 정말 별거 아니었다. 하루도 빠짐없이 울었던 열한 살, 나는 누군가를 위로하고 싶어 안달이 나 있었다. 그 당시 내가 위로를 받고 싶은 입장이었기에 더욱 그랬던 것 같다. 솔직하게 위로받고 싶다고는 말하기 어려워서, 누군가를 위로하면 나도 같이 위로를 받으니까. 착한 사람이 되는 듯한 기분도 좋아서… 나는 어떻게든 누군가를 위로하는 사람이 되고 싶었다. 나랑 가장 가까운 '창작'으로 말이다. 내가 만든 무언가로 누군가 위로받는다 하면, 그보다 위로받는 일은 없을 거라고. 그렇게 생각했다. 하지만 무엇으로? 가수는 노래로 사람을 위로하고, 화가는 그림으로 사람을 위로한다. 그렇다면 나는 무엇으로 사람에게 한 발자국 다가갈 수 있을까. 손에 가장 가까이 닿는 건 당연히, 글이었다. 그래서 결심했다. 글을 쓰는 사람이 되자. 위로가 되는 글을 쓰는 사람이 되어서, 나도 함께 위로받자. 오랜 꿈인 작가. 그 길은 열한 살의 어린 나로부터, 어쩌면 구석에서 울던 더 어린 나로부터 정해진 것이었다.

난 문예창작과 입시를 두 번 치렀다. 중학교에서 예고로, 예고에서 대학으로. 모두 통틀어 가장 힘들었던 시기는 나갈 수 있는 백일장이 동나기 시작하던 고3의 6월이었다. 그때까지 받은 상이 단 하나에 그쳤던 나는 당연히 나의 가능성을 의심할 수밖에 없었다. 그럼에도 나를 의심하면 안 되는 시기임을 알고 있었기에 결국 좋은 평가에 매달리게 되었다. 그러다 보니 자연스레 늘 칭찬받던 주제로 계속 글을 찍어냈고, 그건 어느새 내 '무기'가 되었다. 그러나 그 무기는 결국 내 등을 찔렀다. 겨우 본선에 합격한 백일장에서 주어진 두 시간 중 한 시간 반을 한 글자도 쓰지 못한 것이다. 어떻게든 글을 완성하긴 했지만, 그 이후 난 제대로 글을 쓸 수 없게 됐다. 거기까지 가선 도저히 그 주제로 쓰는 걸 멈출 수 없었기에 더더욱. 그 문제의 주제가 바로 '미아'였다. 미아에 대해 누구보다 잘 알고 있는 척 적은 주제에 어느 순간 길을 잃어 쓰는 내가 미아가 되다니. 얼마나 웃기는가. 너무 웃겨서 나는 그 순간만큼은 정말, 글을 영영 떠나보내고 싶었다. 그러나 그럴 순 없었다. 길은 한참 남았지만, 돌아가기엔 너무 많이 걸어왔으므로.

그렇게 한참 헤매던 나를 구해 준 건 2학기 때 갑자기 바뀌게 된 실기 선생님이었다. 사실 난 바뀐 실기 선생님을 정말 싫어했다. 계속 칭찬해 주던 사람의 빈자리를 감히 채운 불청객, 내 무기를 부정하는 사람…. 그 선생님께 처음으로 합평 받던 날,

계속 칭찬받던 주제는 무참히 패배당했고, 나는 한 가지 결심을 하게 된다. 더러워서 칭찬 안 받고 말지. 내가 어디까지 가는지 지켜봐라. 틀에 박힌 나의 방식을 부정하는 선생님에게 반항하는 방식으로 온갖 써 보지 않은 주제들로 글을 쓰기 시작한 것이다. 그때부터 다양한 이미지를 적는 연습을 시작했다.

주제가 아닌 이미지를 만들어서 글을 쓰는 연습. 그것이 내 글의 수명을 늘렸다 해도 될 정도로, 열심히 그리고 즐겁게 했다. 생전 써 본 적 없는 단어로 문장을 만들어내고, 새로운 느낌을 만들어내는 게 너무 즐거워서, 그즈음에 했던 모의 실기평가는 모두 긍정적인 마음으로 임했다. 어떤 주제든 무기로 만들 수 있단 믿음. 그 믿음이야말로 나의 '진짜' 무기가 되어서 나는 천천히, 차츰차츰 사용하는 방법을 익혀 갔다. 그때 익힌 건 주제에 맞춰 무언가를 쓰는 게 아닌 쓰고 싶은 이미지에 주제를 맞추는 방법이었다. 방식 자체는 미아에 사로잡혔을 때와 똑같지만, 쓰고 싶은 주제를 아무거나 골라 쓸 수 있었다는 점에서 완전히 다른 방법이었다. '이것뿐'과 '이것도'는 글의 실력에도 마음가짐에도 큰 변화를 가져다줬다. 결국 그 무기를 가진 나를 믿을 수 있게 해 줬으니까. 칭찬이 아닌 '나'를 믿게 했으니까.

결국 그 믿음을 보답받는 순간, 그러니까 합격을 통보받는 순간에 나는 지원한 친구들과 함께 복도에 있었다. 손이 벌벌

떨렸다. 불합격만이 가득한 겨울, 이것이 나의 마지막 수시 결과였다. 와중에 한양여대 홈페이지는 다른 학교 합격 페이지보다는 덜 친절해서, 아주 담담히 합격 메시지를 보여 주는데, 그래서 나는 처음 보고 불합격인 줄 알았다. 심장이 내려앉았다. 그러나 글을 제대로 읽었을 땐 아예 그 차가운 바닥에 무릎을 털썩 꿇게 되었다. 예비 번호를 받은 불합격조차 없었던 내겐 이곳의 최초 합격이 진짜 내 인생의 '최초 합격'이었으니까. 예고 합격 소식을 봤을 때와는 또 다른 기분이었다. 얼떨떨함도 없는 순수한 기쁨. 내가 나를 믿어 거머쥔, 스스로 쟁취해낸 새로운 길이자 자격.

예고와 대학. 같은 듯 전혀 다른 두 입시의 공통점은 글을 싫어하게 되는 만큼 좋아하게 만든다는 것이었다. 내게 주어진 너무 많은 글은 족쇄인 동시에 축복이자 가능성이었다. 잠깐의 기적과 여전히 글을 좋아할 수 있을 것 같다는 마음이 원동력이 되어 포기하기 직전의 나를 붙잡았다. 『인어공주』와 『성냥팔이 소녀』를 읽고 울었던 나는 과연 어느 쪽에 서 있을까. 팝업북을 위해 이야기를 짓던, 위로가 간절해 위로하는 글을 적고팠던, '읽는 거 말고 쓰는 게 좋다'는 모순을 가진 나는, 족쇄였을까, 그럼에도 적고 싶다는 마음이었을까. 아직도 확신하긴 어렵다. 두 개 다 여전히 내게 생생한 감정이니까. 하지만 확실한 건,

나는 나를 믿는 법도 내가 나의 길을 만드는 법도 모두, 글로써 배웠다는 것이다. 나는 글 때문에 어디까지 물러나고, 나아가게 될까. 어디로 가든 글일 거라 걱정은 안 된다는 마음은 역시, 나만 가질 수 있는 기적이 아닐까?

이소담

앞으로의 인생에서 글과 음악 중 하나를 빼앗는다 하면 글을 내어 주겠지만 여전히 글을 적는다. 처음 보는 노선을 외우며, 룸카페에서 여섯 시간 동안 드라마 여섯 편을 보며, 나 혼자 알바를 하지 않아 불안한 마음 같은 것을.

두 편의 꿈

이한서(단국대)

순식간에 다채롭게 꼴사나워졌다. 나는 두피와 얼굴에 색색의 전선들을 단 채로 어기적거리며 침대에 누웠다. 잔뜩 헤집어진 머리카락 사이로 덕지덕지 붙여 놓은 흰색 의료용 테이프는 거울 속으로 볼 때마다 당장이라도 쥐어뜯고 싶었다. 그 끈적한 느낌이 벌써 손끝에 선연했다. 나는 정해진 시간에 맞춰 잠을 청했고, 정해진 시간에 맞춰 수면 기사가 나를 깨우러 들어왔다. 일어나 돌아다닐 수 있도록 기계에서 뽑아낸 전선들이 머리에서부터 몸 위로 늘어져 대롱거렸다. 전선 한 움큼을 어깻죽지에 붙여 고정하고 나면, 나는 검사실 안을 무작정 걸어 다녀야 했다. 다음 검사 시간 전까지 잠들지 않기 위해서였다. 비몽사몽 중에 이리저리 발을 구르며 생각했다. 보지 않아도 검사 결과는 뻔하다고. 나는 내가 기면증이리라 확신하고 있었다. 그리고 반드시 기면증이어야만 했다. 검사 결과지에 그 세 글자가 찍혀 내 파괴적인 수준의 잠을 설명해 주기를 바랐다. 일주일을 꼬박 기다려 다시 내원한 병원에서 집으로 돌아왔을 땐, 몇 부의 기면 증 진단서가 든 서류 봉투를 손에 쥔 채였다.

　기면증은 충분히 잠을 자도 낮 동안 과도하게 졸리고 렘수면의 비정상적인 발현, 수면 발작, 탈력 발작, 환각 등의 이상 증상을 보이는 희귀 난치성 질환이다. 현대 의학으로는 완치할 수 없고 대증 치료만 가능하며, 2021년에 개정된 장애인복지법에서 경증 정신장애에 해당한다. 나는 하루에 적으면 열세 시간, 많으면 스무 시간씩 잠을 잤다. 오후 열 시에 잠들어 다음 날 오후 열한 시에 일어나는, 하루가 통째로 사라지는 일도 종종 있었다. 잠을 잔다는 표현보다는 잠들어 있다는 표현이 맞겠다. 내 뜻이 아니다. 잠드는 줄도 모르고 잠이 들었다가 눈을 떠 보면 시간이 훌쩍 흘러 있기 일쑤였다. 나의 시간은 끊임없이 실종되었고 매번 기면증이 그 유괴범이었다. 기면증은 이 세상에 내 뜻대로 할 수 있는 건 나 하나밖에 없다는 말조차 거짓으로 만들었다. 그 사실을 모르는 사람들에게 그저 게으르고 나약한 인간으로 낙인찍힐 때면 상처를 받기도 했다. 증세가 가장 심했던 시기를 떠올려 보면 기억이 별로 없다. 깨어 있는 시간이 얼마 없었으니 당연한 일이다. 이대로라면 나는 백 년을 살고 죽더라도 남들의 오십 년만큼 사는 게 아닌가 싶었다. 나만 혼자 고장 난 시계를 따라 사는 기분이었다. 신은 사랑하는 자에게 잠을 주신다는 말이 있다. 대체 나를 얼마나 사랑하시는 건지.

대학 입시는커녕 기면증으로 고등학교 출석도 제대로 못 할 때, 정말 마지막 도전이라 믿고 문예창작과 입시를 준비하기 시작했다. 내가 다녔던 문예창작과 입시 학원은 아주 번잡한 지하철역 근처에 위치했다. 하지만 큰길을 벗어나기만 하면, 학원 건물로 향하는 골목은 이상하리만치 평화로웠다. 마치 번화가 한가운데 자리 잡은 시골 산책로 같았다. 그 길을 걷다 보면 어느새가 마음이 고요해져서, 청아한 풍경 소리가 들려오는 듯한 착각까지 들었다. 나는 날마다 그 길을 걷고 또 걸어 학원에 갔다. 그곳에서 글을 쓰고 있자면 드디어 내게 맞는 길을 찾았다는 위안이 들었다. 어느 날 학원 선생님께서 이런 말씀을 하셨다. 행복한 사람, 평범한 사람, 불행한 사람 중에서 불행한 사람이 가장 글을 잘 쓴다. 우스갯소리로 하신 말씀이지만 나는 그 말에 큰 위로를 얻었다. 사실 맞는 말이라고도 생각했다. 모진 일들을 겪고 성장한 이들은 자신만의 특별한 사유가 담긴 문장을 써낸다. 추락은 깊이가 된다. 일평생 수면을 부유하는 사람들은 절대 얻지 못할 깊이가.

그리고 어느 날은 머릿속에 남은 기억이나 잘 아는 주제를 가지고 글을 써 보라는 조언을 듣게 되었다. 나는 기면증에 대한 시를 썼다. 어스름한 새벽녘, 암막 커튼을 치고 불을 켜지 않아 깜깜한 방 안에서, 컴퓨터 화면 속에 잠을 향한 원망을 모두 눌러 담았다. 키보드를 두드리던 손을 멈추고 하얗게 번뜩이는 화면을 가만히 바라보는데 속이 가닐가닐했다. 그건 분명 상처 난 피부가 아물 때의 간지러운 느낌과 비슷한 감각이었을 테다. 기면증을 앓는 인물이 등장하는 내 첫 번째 소설을 완성했을 때도 마찬가지였다. 나만이 쓸 수 있는 글이었다. 그 순간만큼은 기면증이 아름다워 보이기까지 했다. 그리고 두 작품이 주변으로부터 좋은 평을 받았을 땐, 공모전에서 수상이라도 한 것처럼 기뻤다. 부정적인 존재로 긍정적인 결과물을 만들어낸 것이다. 이런 과정이야말로 트라우마 극복이 아닐까. 나에게 문학이란 괴로운 감정이나 트라우마를 예술의 영감, 메시지로 승화시킬 수 있는 창구 같은 존재다. 깊숙이 숨겨 두었던 마음을 글의 형태로 세상에 꺼내 놓는 과정에서 상처는 조금씩 치유된다. 이것이 내가 문학을 사랑할 수밖에 없는 이유이자, 문학인이 되고자 하는 이유다.

창밖으론 날이 밝아 오고 있다. 나는 오늘도 햇살 만발한 한낮에 잠들지 모른다. 여느 날처럼 약의 부작용으로 밥을 먹는 대신 점심 내내 헛구역질만 할지도 모른다. 기면증은 현실에서

튕겨 나가 꿈속으로 소환당하는 병이다. 기면증 환자들은 비非렘수면의 단계를 거의 거치지 않고 곧바로 렘수면에 빠져든다. 그래서 일반적인 사람들보다 더 많이 꿈을 꾼다. 하지만 나에겐 잠들었을 때의 꿈만 있을 뿐, 현실에서의 꿈은 없었다. 이루고 싶은 목표도, 열정도 없었다. 사실은 체념했던 것 같기도 하다. 하던 일들도 매번 기면증 때문에 그만두었고, 잠으로 일상생활이 다 망가졌는데 대체 무얼 할 수 있을까 싶었다. 지금도 증상은 여전하지만, 기면증에 대한 나의 태도는 많이 바뀌었다.

이제 내게는 문학이라는 현실의 꿈이 생겼다. 하고 싶은 일이 있고, 좋아하는 일이 있다. 삶은 무언가를 사랑하는 힘으로 살아갈 때 가장 근사해지는 법이다. 학원으로 향하던 나의 발걸음은 이제 대학을 향한다. 단국대 문예창작과는 내게 단순히 학벌의 의미가 아니다. 이 대학은 나의 첫 번째 성취이자 기면증의 극복이고, 보편적 사회생활을 하는 미래가 나에게는 없으리라 믿었던 과거에 대한 반증이다. 비록 아주 오랫동안 잠들어 있을지라도 이젠 괜찮다. 이전엔 실종된 시간의 잔상만이 나의 침대 맡에 앉아 있었지만, 지금은 더 많은 것들이 내가 깨어나기를 기다리고 있다. 꿈에서 깨어나도 꿈이 있다. 잠들어서나 깨어서나, 그 누구보다도 가장 찬란한 꿈을 꾸겠다.

이한서

작명법을 따르느라 주민등록상으로는 다른 한자를 쓰지만, 내 이름은 원래 깃 한翰, 글 서書를 뜻하도록 지어졌다. 글을 쓰며 살지 않으면 천벌이라도 받을 것 같은 이름이다. 아직은 이름을 거스를 생각이 없다.

24학번·산문 실기

BPM

강한조앤(한양여대)

소리가 들린다.

나는 박동한다. 과장 좀 보태서, 문학이라는 말이 이제는 내 심장 두 쪽처럼 느껴진다. '문'은 좌심방, '학'은 우심방. 둘 중 하나라도 도려지면 이전처럼 살 수 없을 것 같아 무섭다. 아직 등단도 안 한 조무래기가 왜 이렇게까지 말하느냐고 묻는다면 난 이렇게 대답할 수밖에 없다. 이것은 상당히 오래 키워 온 마음이라고. 마음을 먼저 키우는 데에 전력을 다해 버려서 실력은 이제부터 차차 키워 가기 시작하는 중이라고 말이다.

아주 어릴 적부터 집은 화장실을 뺀 모든 공간이 책으로 그득했다. 어림잡아 삼사천 권쯤 되지 않았을까. 나는 세상이란 내가 가진 자원과 나의 필요가 꼭 맞물리지 않는 곳이라는 걸 일찍부터 배웠다. 어린 난 강아지를 키우고 싶었다. 그러나 집엔 책만이 있었다. 난 삼겹살이나 아이스크림을 먹고 싶었다. 그러나 집엔 책만이 있었다. 난 나만의 방을 갖고 싶었다. 그러나 넘쳐나는 건 책뿐이었다. 우리 집은 좁고 가난하고 가족이 많았다. 그것은 내게 구멍처럼 무수한 결핍들로 작용했다. 먹고 싶은 걸 먹지 못하거나 하고 싶은 걸 하지 못하는 일들이 허다했다. 그러나 넘쳐나는 것은 먹지도 키우지도 안에서 살지도 못하는 종이 쪼가리였다.

곧 난 그 종이들로 결핍을 채우는 방법을 터득했다. 먹고 싶은 음식이 나오는 책을 찾아서 읽으면 신기하게 입 안에 침이 괴었다. 책은 주전부리며 새로운 관계성이었고 하나의 독보적인 '방'이 되어 주었다. 냉탕과 온탕에 번갈아 가며 몸을 담그듯 나는 손쉽게 다른 세계로 이동하는 법을 알았다. 들어갈 때와 나올 때가 달랐다. 이 멋진 세계를, 분명 나도 만들 수 있을 것 같아. 어린 내가 이런 생각을 한 건 어찌 보면 당연한 수순이었을지 모른다. 책은 매력적이었다. 아이스크림을 먹고 싶어서 읽게 된 이야기가 아이스크림보다 달콤해질 때쯤 난 자연히 사랑의 감정을 갖게 되었다. 결핍을 채우려는 수단이던 문학은 어느새 목적이 되었고. 그렇게 글을 쓰는 사람이 되겠다고 결심했을 때가 여덟 살쯤 정도였을 것이다.

누군가 묻는다. 그럼 여덟 살 이후로 한 번도 바뀐 적 없어? 그 부분에 대해서 자신 있게 말할 수 있다. '그렇다'고. 물론 글 쓰는 사람이라는 꿈이 유일무이했다는 이야긴 아니다. 가끔은 만화가나 작곡가의 비중이 글을 제치고 불쑥 커질 때도 있었다. 그러나 문학은 늘 내게 심지로 작용했다. 태양 주위를 공전하는 행성들처럼, 모든 꿈은 문학을 중심으로 생겨나고 사라졌다. 그렇게 심각하게 노력하지 않았던 나이에도 글은 늘 샴쌍둥이처럼 내 몸 어딘가에 찰싹 붙어 있었다. 늘 다른 형태로. 그것이 내가 메타(meta)소설을 좋아하는 이유가 되었을지도 모른다.

글과 나의 유년기를 이야기하려면 소씨라는 친구의 이야기가 빠질 수 없다. 소씨는 내가 제주도로 전학 온 열 살 무렵 사귀었던 친구다. 소씨와 내가 언제부터 같이 글을 쓰고 책을 읽었는지 잘 기억나지 않는다. 우린 언젠가부터 앞다투어 '이야기'를 누렸다. 마치 응당 그래야 한다는 듯이. 사람이 태어났으면 숨을 쉬어야 한다는 듯이 그랬다.

또래 아이들이 편의점에서 불닭볶음면을 먹고 집에 가서 게임을 할 때, 소씨와 나는 불닭볶음면을 입가에 벌겋게 묻힌 채 집으로 가 글을 썼다. 소씨의 집일 때도 있고 우리 집일 때도 있었다. 오후의 햇볕은 늘 조용하게 들어왔고 우리는 쿠키나 캐릭터가 그려진 노트를 몇 권씩 해치웠다. 솔직히 문학이란 이름을 갖다 붙일 만한 글은 아니다. 지금 보면 낯이 붉어지는 글이 많았다. 아직 인물을 창조할 능력이 되지 않았던 우린 좋아하는 아이돌이나 주변인을 마구잡이로 가져와 이야기를 써 내려가곤 했다. 지금 생각하면 대리 만족의 일종이기도 했다.

초등학교 졸업 전까지만 해도 소씨와 2층 다락에서 배를 깔고 엎드려 글을 쓰던 기억이 생생하다. 아직 치열함이랄 것이 없던 때였다. 우리 중 누구도 '작가가 되겠어'라는 포부를 떠들지 않았던 나이였기에 소씨와 나는 서로 다른 중학교를 갈 때쯤 자연히 뜸해지게 되었다. 일반 중학교에 간 소씨는 공부를 열심히 했고 비인가 대안학교에 간 나는 그곳의 일정을 열심히 살았다. 방학쯤 되면 가끔 얼굴 한번 비추는 정도의 사이가 되어 버린 것이다. 아마 글과 나의 관계도 그것과 비례하지 않았을까 싶다. 그때의 내게 소씨는 글이었고 글은 소씨였다.

중고등 육 년을 보낸 대안학교는 나와 잘 맞았다. 그러나 나는 그것과 별개로 매일을 초조함 속에서 살았다. 나 글 써야 하는데. 작가가 되어야 하는데. 그것은 어떠한 숙명처럼 느껴졌다. 내가 글을 잘 쓰고 많이 써서 작가가 되는 것이 아니라 작가가 되어야 하기에 글을 써야 한다, 에 가까웠다. 그러나 대안학교 기숙사의 독특하고 빡빡한 일정들은 내게 또 다른 세계를 구축할 틈을 주지 않았다. 그나마 쓴 글들은 일기와 틈틈이 쓴 단편 한두 개가 다였다.

그러다 고등학교 2학년쯤 문예창작과의 존재를 알게 되었다. 고등학교 3학년 때부터 그곳을 목표로 준비를 시작했다. 대안학교는 입시를 준비하기에 썩 좋은 환경이 아니었지만 어쨌건 힘닿는 대로 해 보았다. 그리고 난 아직도 기억한다. 입시가 가까워지던 어느 겨울. 소씨와 연락을 하게 된 날을. 그때 소씨는 부모님의 뜻을 따라 사범대학을 준비 중이었다. 소씨는 내가 문창과를 준비하는 걸 듣고 적잖이 놀란 것 같았다. 난 머지않아 소씨가 어딘가에 올린 글을 보게 되었다.

　"걔가 문창과를 준비한다는 소식은 나를 이상하게 만들었다. 물가에서 발 담그고 물장구치다 풍덩 빠진 기분. 깊은 늪지대 같았다. 그런데 이상하게 거기 계속 있다가 잠겨 죽어도 괜찮을 것 같았다……. 나는 거기 갈 수 없음을 알았다. 문학의 길. 그건 늘 내 곁에 있었지만, 비매품처럼 진로 선택지라는 매대에는 한 번도 오른 적이 없었다…."

　그때 난 놀랐던 것 같다. 지금껏 나만 갖고 있는 줄 알았는데. 내 친구에게도 있었다. 죽지 않은 심지가. 열의가. 돌고 돌아 발견하게 되었으나 정말 슬픈 사실이 존재했다. 소씨의 부모님은 소씨가 교사가 되길 원했다. 우리는 필연적으로 다른 길을 가야만 했고 그건 누가 어떻게 할 수 있는 문제가 아니었다. 심지를 엿보았음에도 두 손 놓고 구경만 하는 것처럼 속상한 일은 이 세상에 없었다. 소씨의 열의는 폭발될 기회를 진작 잃어버렸고. 그 때문에 난 무엇도 가늠할 수 없이 입시 준비에만 돌입했다. 수능을 준비하는 소씨와 서로를 응원하며.

미진한 준비 탓에 난 유일하게 한 군데 넣었던 문창과에서 떨어졌다. 난 졸업하자마자 당연하고 자연스럽게 본격적인 입시 준비를 시작했다. 소씨는 사범대학에 갔고. 우린 매일같이 통화하며 각자의 자리에서 최선을 다해 행복하자고 서로를 독려했다. 그때까지만 해도 우리는 아무것도 몰랐다. 우리가 지금까지와는 차원이 다르게 치열한 문학의 길을 걷게 될 줄은.

그 뒤로 이어지는 이야기들은 이 짧은 지면에 담지 못할 만큼 다사다난하다. 누군가가 반짝이도록 세공해 놓은, 적당히 굴곡진 '발단 전개 위기 절정 결말'을 소씨와 손을 붙잡고 충실히 따라온 기분이다. 큰 인생에서 보면 아직 발단이지만. 소씨와 나는 작은 책 한 권의 결말을 무사히 마친 기분으로 하루하루를 보내고 있다. 지금 소씨와 난 문창과에 있다.

떠올려 보면 모든 것이 기적 같다. 소씨와 내가 같은 대회 예선에 붙어 같은 문학회에 들어간 것 그 안에서 친해진 다른 친구들과 카페에 갔던 어느 날 소씨가 부모님 몰래 문창과 입시 준비를 결심한 것. 소씨와 내가 같은 선생님께 수업을 받고, 일 년 내내 하루에 몇 시간씩 화상 통화로 문학 이야기를 하고, 서로의 글을 봐 준 것. 매일같이 끈질기게 묻고 답한 것.

좋은 글이란 뭘까? 사건이란 뭘까? 갈등은 뭘까? 시적인 장면은 뭐고 발상은 뭘까?

식당에서 손님들이 먹은 그릇을 치우며 글 생각을 했다. 쪽잠을 자며 꾼 꿈에서 글 이야기를 했다. 산문을 쓰기 싫으면 다른 장르의 글로 도피했고 그것마저 쓰기 싫으면 '읽기'로 도피했다.

소씨와 나는 몇 개의 공모전에 작품을 냈다. 그 상금으로 제주와 서울을 오가는 비행깃값과 수업료를 냈다. 우리는 자주 무너지고 서로 자주 일으켜 세웠다. 자주 울었다. 안 될 것 같아. 하나가 말하면 다른 하나가 말했다. 아니야. 그 역할은 매번 바뀌었다.

그 안에서 우린 단순 입시생의 마음을 넘어서는 경험을 했다. 커다랗고 빛나는 것을 감당하려면 이 정도는 힘들어야 하는구나를 느꼈다. 내가 과연 평생 글을 쓸 수 있을까? 너무도 힘들었던 여름과 겨울을 거치며 묻고 또 물었다. 문학이 심장 두 쪽에 고루 스미는 과정이었다.

입시 날 소씨는 부모님 몰래 나랑 같이 호텔을 잡았다. 총 두 군데의 시험이 끝나고, 소씨와 나와 친구들은 밥을 먹으러 갔다. 중간에 슬쩍 나와 시험을 망쳐서 엉엉 울고 있는 나를 소씨가 데리러 왔다. 그때 소씨가 조용히 눈물을 참았다는 사실을 나중에야 알았다.

결과가 나오는 날에도 소씨와 나는 화상 통화를 했다. 그리고 생생한 합격의 순간을 공유했다. 내가 망쳤던 시험에 소씨는 붙었다. 무려 70:1이 넘는 경쟁률을 뚫고. 그 순간에 나도 같이 울었다. 아직 나에겐 어떠한 합격도 나오지 않았음에도. 그 순간엔 괜찮겠다는 생각이 들었다. 서로의 완전한 길을 믿으니까. 이렇게까지 온 이상 무서울 게 없었다. '어떻게 해?'라는 질문엔 '어떻게든 해' 하는 화법으로 대답할 것을 소씨도 알고 나도 알기 때문이었다.

그리고 조금의 시간이 지난 뒤 나도 합격이라는 글자를 마주하게 되었다. 가장 기뻤던 것은 한 해 동안 몸담고 있던 작은 섬을 떠나 서울로 갈 수 있단 것. 서울에서 다시 한 번 마음껏 문학을 사랑해 볼 기회가 생긴 것. 그렇게 나는 서울로 왔다. 한강을 지나치는 지하철에서 무릎 위에 책을 올려놓고 읽다 보면, 문득 이 순간 하나를 위해서라도 입시 하길 잘했다는 생각이 절로 든다. 오래 목말라서인지 대학교의 모든 강의는 달콤하다, 아이스크림처럼. 비로소 나의 가장 큰 목적이었던 문학을 깊게 공부하는 시간이 주어지니 매일이 살아 있는 것 같다.

소씨와는 같은 서울에서 자주 만난다. 내 자취방에서 같이 음악을 틀고 과제로 소설을 쓰다가 노랗게 물든 방 안에서 나란히 엎어져 낮잠을 잔다. 꿈을 꿈으로만 남겨 두지 않을 수 있었던 건 무엇 덕분이었을까. 서로의 박동을 알아봐 주는 서로가 없었으면 여기까지 올 수 없었을지도. 이로써 문학이 주는 '같이'의 힘을 믿을 수밖에 없게 된다. 나의 심장. 그것이 뛰는 소리와 속도를 더 많은 '같이'와 나누고 싶어진다. 내 글이 또 누군가의 아이스크림 같은 존재가 되도록 당도를 높이고 단단하게 굳히는 작업을 하는 중이다. 아직 여정은 끝나지 않았다.

오늘 저녁, 소씨가 삼겹살을 사 들고 자취방에 온다고 했다. 집을 치우고 같이 글을 쓸 준비를 해야지 생각하다가 문득 느낀다. 우리 왠지 열 살 때도 이랬던 것 같다고.

그리고 아마 우린 앞으로도 이럴 것이다.

강한조앤

이름만큼 강하진 않으나 질긴 면은 있다. 올해로 글을 쓰겠다고 마음먹은지 만 10주년이 된다. 20주년이 될 즈음엔 이름처럼 되어 있을 거라는 믿음이 있다.

흔적을 남기는 중입니다

강화평(단국대)

"세상에 내 흔적을 남기고 싶다."

늘 제 곁에 함께하는 문장입니다. 언제부터였을까요? 유년 시절, 제 앞에 놓인 아주 커다란, 오래된 수령의 나무를 보고 이런 생각을 처음 했던 것 같습니다. 세상에 뿌리를 내리고 굳건히 자신의 형태를 지키고 있는 나무를 본 어린 저에게는 그 장면이 강하게 와닿았습니다. 이 세상에 흔적을 남길 방법은 다양합니다. 그림을 그릴 수도 있고, 음원을 낼 수도 있고, 정치를 할 수도 있습니다. 수많은 방법 중 제가 택한 건 문학이었습니다. 내가 겪은 것들, 내가 보고 느끼고 생각한 것들을 글로 풀어내는 건 어떤 기록보다 값지다고 생각했습니다.

문학을 만난 일, 글을 쓰자고 결심했던 일 모두 저에게 뚜렷

하게 남아 있습니다. 사실 제가 문학을 선택했다기보다는, 마치 천천히 사랑에 빠지는 현상처럼 문학이 저를 이끌었다고 볼 수 있을 것 같습니다.

고등학생 때, 필독 도서 한 권을 챙겨 와야 하는 일이 있었습니다. 각자 가져온 책을 반 학생들끼리 돌려 읽는 방식이었죠. 한참 지나고 나서 집에 있는 문제집과 책을 정리하는데, 다른 친구가 사 왔던 책을 제가 실수로 가져왔다는 것을 깨달았습니다. 그 친구와는 연락이 끊긴 지 오래였고, 돌려주기엔 애매한 상황이 되어서 저는 그 책을 끝까지 읽어 봐야겠다고 생각했습니다. 처음에는 내용이 어렵게만 느껴졌습니다. 그러다가 이야기를 읽어 갈수록 자연스럽게 작가의 다른 책이 더 보고 싶어졌습니다. 그 이후로 학교 도서실에 친구를 데려가기도 하고, 혼자 가서 사서 선생님과 여러 대화를 나누기도 했습니다. 3학년 수능이 끝났을 때도, 자리에 앉아서 책을 정말 많이 읽었습니다. 읽어야 한다는 의무감보다 일종의 끝없는 갈증에 가까웠습니다. 세상에는 무수히 많은 책이 있고 다양한 이야기가 있다는 것을 그때 깨달았습니다.

교내에서 글쓰기 대회가 종종 열렸습니다. 저는 대회에 늘 성실한 자세로 임했습니다. 대회가 끝난 후, 수업을 위해 반에 오시는 선생님들이 "화평아, 네 글 정말 잘 읽었다."라고 거듭 말쓸하시더군요. 하지만 저는 교내 글쓰기 대회에서 최우수상을 받은 적이 없었습니다. 주로 장려상이었는데, 그럼에도 심사를 본 선생님들께서 저에게 선뜻 칭찬을 해 주시는 이유가 궁금했습니다. 약간 혼란스럽기도 했죠. 그렇게 이유를 생각하다가, 결국에 도달한 결론은 "최우수의 글이 아니라, 내가 쓰고 싶은 글을 쓰면 된다." 이 마음가짐이었습니다.

저의 입시 기간은 길었습니다. 누구보다 일 년 더, 또 누구보다 이 년 더. 그렇지만 후회는 없습니다. 험난했던 과정은 결국 제가 글을 얼마나 사랑하는지 알 수 있게 해 주는 계기가 됐습니다.

그런 제가 항상 되뇌던 말이 있습니다. "첫걸음부터 물러설 수 없다." 저에게 있어서 입시는, 단순히 대학에 가기 위한 수단이 아니었습니다. 저는 제가 평생을 글 속에 파묻혀 살 것이라는 걸 일찍이 직감했습니다. 그런 제가 첫걸음인 문예창작과 입시에서부터 발을 내디딜 수 없게 된다면 앞으로 나아갈 용기가 생기지 않을 것 같았습니다. 저의 의지를 증명하고 싶었습니다.

어쩌면 대학교 입시가 저의 글을 가장 처음 평가받는 기회라고 생각했습니다. 글에 대한 애정이 아무리 넘쳐도, 결국 읽어 주는 사람이 있기에 빛나게 되니까요. 오랜 시간 이 분야에 몸을 담근 전문가들이 제 글을 읽어 줄 기회는 흔치 않습니다. 설령 떨어진다고 하더라도, 인정받지 못한다고 하더라도 누군가 제 글을 분석적으로 읽어 준다는 것에 의의를 뒀습니다. 그 자체로 동기가 생겼고, 용기를 얻었습니다.

그렇지만 역시 입시는 막막합니다. 오로지 홀로 헤쳐 나가야 할 문제죠. 저에게 가장 도움이 많이 됐던 건, 정말 힘들 때마다 "그럼에도 불구하고 내가 왜 문학을 곁에 두려 하는가?"라는 점을 스스로 곰곰이 생각했던 것입니다. 여기서 "그럼에도", "왜?"가 중요합니다. 이에 대한 답변이 어떤 위로나 응원보다 좋은 계기가 되고, 의지를 줄 겁니다.

소설은 정직합니다. 더 많이 읽을수록, 더 많이 쓸수록 실력이 늘어납니다. 누구도 반박하지 못할 사실입니다. 그리고 가장 중요한 건, 글을 수단으로 생각하지 않는 것, 글의 힘은 쓰는 사람에게 있고, 우리는 자신의 힘을 글자에 녹여낸다는 것입니다.

단국대학교 문예창작과에 한 학기 동안 다니면서 얻은 것 중 가장 소중한 건 주변에 문학적 영감을 주는 사람들이 생겼다는 것입니다. 학우들과 길을 걷다가, 또는 강의를 듣는 중간에도 저는 소설적 순간을 발견합니다. 원래 소설이라는 건 일상과 맞닿아 있으니까요. 그럴 때마다 제가 "소설적 순간인데?"라고 해도 아무도 비난하거나 그저 쉽게 넘어가지 않습니다. 그 자리에서 함께 대략적인 줄거리와 플롯을 짜 보기도 합니다. 서로의 말이 곧 영감을 주기도 하고, 소설적 문장으로 거듭나기도 합니다. 서로의 글을 재밌게 읽어 주고, 퇴고의 방향성도 열심히 잡아 줍니다. 아주 값진 일이죠.

가장 인상적이었던 건, 합평 수업 전 교수님께서 "학우의 글을 꼭 프린트해서 읽어라."라고 말씀하셨는데, 제가 합평 받았던 날 거의 모든 학우가 저의 글을 인쇄해서, 한 문장씩 밑줄을 그어 합평을 준비해 준 것입니다. 그때 받았던 종이는 모두 저의 책장에 고스란히 꽂혀 있습니다.

수업을 듣는 강의실에서 호수가 내다보입니다. 비가 오는 날에는 일렁이는 수면이, 맑은 날에는 반사되는 빛들이 마치 저를 응원해 주는 것 같았습니다. 조금 부끄러운 얘기지만, 강의를 듣다가 감정이 복받친 적도 있습니다. 문학을 배우는 기쁨, 창밖으로 반짝이는 호수, 열정이 담긴 강의가 오래도록 생각날 것 같습니다.

썼습니다, 씁니다, 쓸 것입니다. 저는 과거에도 썼고 이 순간도 쓰고 있고 앞으로도 쓸 겁니다. 사실 형태가 어떻든 문학이라는 존재가 제 삶에 깊이 관여한다면 그것만으로 족합니다. 대상이 명확히 정해지진 않았지만, 아주 나중에는 누군가에게 글을 가르치고 싶다는 생각을 모호하게나마 해 봅니다. 이토록 멋진 예술을 사람들과 나누고 싶다는 것이 제 최종 목표입니다.

글을 마치며 이 글을 읽는 분들께, 당신이 걸어온 길에 남은 발자국들이 빛나는 문장으로 거듭나기를 바랍니다.

강화평

고양이를 사랑하고 생텍쥐페리의 『어린 왕자』를 지칠 때마다 꺼내 읽는다. 삶을 기록하는 행위를 좋아해서 늘 무언가를 찍거나 메모하고 있다. 그런 방식으로 오래도록 글을 쓰는 사람이 되고 싶다.

내가 원하는 글쓰기

김아인(숭실대)

솔직히 말하자면, 나는 문예창작과를 진로로 생각해 두고 있지 않았다. 존재 자체를 몰랐다고 하는 편이 더 맞겠다. 책을 읽는 것은 익숙했지만 글을 쓴다는 것은 나와 거리가 먼 이야기였으니까. 내가 글을 쓸 수 있을 거라고 생각도 하지 못했다. 하지만 책은 어릴 적부터 나와 떨어지지 않는 존재였다. 얼마 전 유치원 적 동시 짓기 활동 때 쓴 종이를 발견했는데 '책이 좋다. 그냥 좋다.'라고 적혀 있기도 했다. 그만큼 나는 학창 시절 내내 책과 같이 다녔다. 왜 그랬냐고 묻는다면, 아직도 잘 모르겠다. 책을 펼치면 마치 다른 세상에 들어간 듯한 느낌이 들어서 중독되듯이 계속 읽었던 것 같다. 휴대폰을 보는 것처럼 말이다. 그러다가 고등학교 2학년 때 교내 글쓰기 대회에서 우연히 상을 받아 버렸다. 일기 쓰듯이 쓴 건데도 나쁘지 않은 결과가 나왔다는 것이 나의 마음을 고양시켰다. 별로 대단한 상이 아니었는데도 그랬다. 그 후로 글쓰기가 재미있어졌다. 내 생각을 문학적으로 녹여낸다는 행동 자체가 마음속에 내재된 답답함을 해소시켜 주는 듯했다. 그래서 나는 문예창작과 입시 준비를 하게되었다.

당연하지만 문예창작과 입시 준비는 만만한 것이 아니었다. 이 글을 보고 있는 사람이라면 다들 공감할 것이다. 문예창작과가 있는 대학의 수도 상대적으로 적어서 더 부담된다. 내가 문예창작과 입시를 할 때도 그랬듯이, 어떤 말을 듣든 전혀 부담이 줄지 않는 걸 알고 있다. 그래도 나는 부담 가지지 말라는 말을 하고 싶다. 문예창작과도 다른 학과와 같이 그저 대학 입시일 뿐이다. 수험생들이 장래 작가가 될 수 있을지 없을지 점치는 자리가 아니다. 입학해서 학교가 요구하는 수준의 글쓰기를 할수 있는가, 그만큼의 기본기가 있는가를 평가하는 시험이다. 입시에서 떨어진다고 작가가 될 수 없는 게 아니니 너무 무겁게 생각하지 않았으면 좋겠다. 원서 접수 기간이 다가올수록 저런 생각이 굉장히 많이 들어서 심적으로 힘들었는데, 다른 사람들은 그러지 않았으면 한다.

입시 준비를 시작한 지 얼마 안 되었을 때, 내가 과연 합격할수 있을까… 하는 생각이 먼저 들었던 것 같다. 그 전까지는 손가는 대로 쓰면 됐는데 입시 글쓰기는 제약이 많았기 때문이다.

입시 학원에 등록한 나는 생각했던 것과 너무 다른 형식에 놀랐다. 특히 이천 자라는 분량 이내에 기승전결을 담는다는 것이 가장 어렵게 느껴졌다. 때로는 너무 짧고, 때로는 너무 길었다. 다른 사람들이 쓴 작품을 읽어도 감을 전혀 잡지 못했다. 그래서 백일장 수상작이나 단편집에 실린 글들을 필사했다. 익숙해지려면 많이 써 보아야 한다고 생각했는데, 시간이 부족하기 때문에 택한 방법이었다. 당시엔 몰랐지만 필사는 문장을 쓰는 실력을 기르는 데에도 도움이 된다고 하니 다들 시도해 보았으면 좋겠다. 나는 이천 자 이내의 작품들을 골라 하루 두 편 정도 필사하는 것으로 정해 두고, 기승전결이 어느 문단에서 나눠지는지를 보았다. 또 문구점에서 논술 시험용 커다란 원고지를 사서 연습했다. 그래서 시험장에서 긴장하지 않고 글을 쓸 수 있었다.

이 문제를 해결하고 나서도 나는 여전히 많은 부분이 모자랐다. 우선 글의 소재를 정하는 것이 가장 어려웠다. 다른 수험생들은 SF 소설 공모전에서나 나올 법한 독특한 설정들을 많이 썼다. 나는 상대적으로 평범하고 일상에 가까운 글을 쓰는 편이라 심사하시는 교수님들의 눈에 띄지 못할까 봐 걱정이 많았다. 내가 보기에 좀 더 그럴듯해 보이는, 그런 글들과 비슷하게 써 보려고 노력해도 합격할 만한 글이라는 말을 듣지 못했기 때문이다. 전보다 글쓰기 실력이 좋아졌다는 자각은 있었지만 나는 만족하지 못했다. 그때쯤에 입시 학원에 가기가 싫어졌던 것 같다. 객관적으로도 주관적으로도 발전한다고 느끼지 못해서였다.

　처음 시작할 때보다 실력이 좋아졌다는 사실은 명백했다. 하지만 마음가짐이 달라졌다는 것을 스스로 느낄 수 있었다. 글을 쓰러 학원에 갈 때마다 스트레스가 치솟는 듯했다. 나 좋자고 시작한 일인데 이러면 안 된다는 마음에 학원을 그만두었다. 그때가 숭실대 시험까지 두 달 남은 상황이었다. 나는 남은 시간 동안 쓰고 싶을 때 글을 썼다. 부모님의 권유로 학원을 새로 등록하긴 했지만 아주 자유로운 분위기라 나 스스로의 학습 방식대로 입시 준비를 해 나갈 수 있었다. 쉬는 것도 글쓰기 실력을 높이는 방법 중 하나라는 것을 그때 알았다. 두뇌는 목초지와 같다. 양들이 풀을 뜯어 먹기만 하면 그 땅은 황폐해진다. 풀이 자랄 시간을 줘야 한다. 쉬엄쉬엄하면서 글을 쓰니까 오히려 잘 쓰고 싶다는 욕구가 생기고, 입시에만 맞춘 형식적인 글이 아니라 나의 색깔을 나타낼 수 있는 글이 써졌다. 학원에서 반강제적으로 썼을 때보다 그때 쓴 글이 더 많았다. 지금 다시 생각해도 학원을 그만두고 남은 시간 동안 거의 쉬면서 준비한 것이 입시 기간 동안 가장 잘한 선택이었다고 생각한다.

　이런 과정을 거치고 나는 숭실대학교 문예창작과에 입학할 수 있었다. 결과를 보고 너무 당황스러워서 그게 합격할 만한 글이었나, 하고 아리송했던 기억이 난다. 기대를 안 하고 있었다. 시험을 막 마치고 나왔을 때는 긴가민가한 느낌이어서 한 이틀 정도는 합격 사실을 못 믿었다.

직접 다녀 본 문예창작과는 생각보다 더 문학과 친밀하면서도 자유로운 곳이었다. 시와 소설뿐만이 아닌 게임이나 영화 시나리오 등 다양한 분야를 배울 수 있도록 커리큘럼이 짜여 있다. 소모임 수도 많아서 경험 쌓고 싶은 분야에 들어가 배우면 된다는 점이 큰 장점이다. 문예창작과 수업은 교수님들이 다들 너그러운 분들이라 풀어진 분위기에서 재미있게 수업할 수 있었다. 1학년은 운문과 산문 작법에 대해서 배우는데, 작품과 같이 작가의 삶을 탐구할 수 있어서 더 흥미로웠다.

입학하기 전에는 막상 학과가 나랑 안 맞으면 어떡하지 하는 막연한 걱정도 있었다. 하지만 지금은 대학교 안에서 문예창작과 학생으로서 할 수 있는 모든 일을 해 보고 싶다는 생각이 든다. 내가 이 곳에서 작가로 성장했으면 좋겠다. 그리고 이 책을 읽는 분들에게 관심 있다면 꼭 문예창작과에 도전해 보라고 말하고 싶다. 분명히 후회하지 않는 선택일 테니까.

김아인

여름 방학을 맞이해 드라마 〈언내추럴〉을 정주행 중이다. 새로운 여름 샌들도 샀다. 소설을 좋아하는 마음이 사라질 때까지 작가로서 살고 싶다.

그럼에도 마음먹는 일

이민진(숭실대)

　중학교 3학년 때였다. 교보문고에서 최은영 작가의 『쇼코의 미소』와 『내게 무해한 사람』을 사 읽었던 기억이 난다. 그 책의 인물들은 모두 미성숙했다. 사랑하고 사랑받고 싶어 했지만 때로는 아주 매정해졌다. 타인에게 끊임없이 상처받고, 또 상처 주고 마는 예민한 기질의 사람들이었다. 모두 나와 같다고 느껴졌다. 그때의 나는 내가 아주 유난스럽고 이상한 사람이라고 생각했었으니까. 아무도 신경 쓰지 않는 것에 혼자 몰두하고, 화를 내고, 슬퍼하는 것 같았다.

　그리고 나는 친구가 있었다. 고등학교 1학년 때였는데, 나는 그 친구와 늘 더 가까워지고 싶었다. 친구는 무엇을 해도 미숙한 구석이 없어 보였다. 어떤 일도 어려워하지 않는 것 같았고, 누구에게도 아쉬움을 느끼지 않는 것 같았다. 작은 것에 지나치게 연연하고, 매 순간 아무렇지 않게 보이려 애쓰는 나와는 달리. 그래서 친구가 부럽고 좋았는데, 한편으로는 미웠다. 내가 친구를 생각하는 만큼 친구는 나를 중요하게 여기지 않는 것 같았다. 그런데, 하루는 친구가 내게 말해 줬다. 자기는 작가가 되고 싶다고. 글을 쓰고 싶다고 했다. 그때 나는 처음 생각했다. 나도 글을 쓰고 싶다고. 나도 줄곧 글을 쓰고 싶었다는 것을 그 순간 깨달았다. 최은영 작가의 소설을 읽으며 이해받은 듯한 기분을 느꼈던 것이 떠올랐다. 글을 읽으며 외롭지 않을 수 있었던 경험. 그런 경험을 하고 글을 쓰고 싶다고 생각한 사람이 나 혼자가 아니었구나, 나는 혼자가 아니구나, 알게 되었다. 나는 할 수 없을 거라고 생각해서 스스로 지웠던 생각을 확인받은 느낌이었다. 이런 것이 문학이라면 나도 글을 쓰는 사람이 되고 싶었다.

본격적으로 문예창작과 입시를 준비하기 시작한 것은 고등학교 2학년 겨울 방학 때부터였다. 그보다 전에 문예창작과라는 학과가 있다는 것을 알게 되었지만 선뜻 도전할 수 없었다. 단순히 글을 쓰고 글을 좋아하는 일과, 그것으로 대학 입시를 준비하는 일은 다르다고 생각했다. 나보다 글을 잘 쓰는 사람은 셀 수 없이 많으니까. 이제 더는 글을 쓰고 싶지 않다고 생각한 적도 있었다. 내가 살면서 겪은 일들이 이야기가 될까 봐 무서웠다. 내가 함부로 이야기를 하는 사람이 되어 다른 이들을 상처 입힐까 겁났다. 그런 시기를 지나, 어찌 됐든 나는 결국 이야기를 해야 살 수 사람이라는 것을 깨닫게 됐다. 나는 괴로운 일을 잊으려고 하는 습관이 있었는데, 이때부터 그것을 글로 남겨 모조리 다 기억하자고 다짐했다.

인터넷 검색과 주변의 추천을 통해 입시 학원에 등록했다. 학원에 다니며 소설의 기본적인 이론을 배웠다. 머릿속에서 추상적으로 존재하던 소재와 생각을 구체적인 언어로 정의할 수 있었다. 막연하게 생각하던 이야기들을 꺼내 놓는 연습을 했다. 평소 관심 가지고 있던 여러 사회 문제에 대한 소설을 썼다. 그렇게 고등학교 3학년을 보내고 합격하는 친구들이 하나둘 생겼다. 학교와 학원에서 그동안의 노력을 보상받는 친구들이 생겼다. 그러나 나는 그렇지 못했다. 수능 시험을 마친 후 마음 편히 해방감을 누리는 친구들 사이에서 나는 애타게 실기 결과 발표를 기다리고, 끝내 탈락해야 했다.

스무 살 이후는 내게 많은 것을 받아들이는 시간이었다. 합격한 친구들과 그들의 대학교를 질투하는 나, 그렇게 보이고 싶지 않아 전혀 개의치 않은 척하는 비겁한 나를 받아들이게 됐다. 아주 아팠지만, 사랑하는 마음과 노력만으로는 안 되는 일도 있다는 것을 인정했다. 두 해에 걸쳐 아주 천천히. 함께 재수를 했던 친구들이 큰 도움을 주었다. 같은 시간을 함께하고 있는 이들이 있다는 사실만으로도 힘이 됐다. 그래서 친구들이 모두 문예창작과에 합격하고 나만 남았을 때, 내가 합격한 것처럼 기뻤다. 축하하는 마음은 정말 진심이었다. 물론 불합격이라는 결과가 믿기지 않기도 했다. 마음 어딘가가 돌이킬 수 없이 무너진 것 같았다. 더는 회복될 수 없을 것만 같았다. 내가 가장 믿고 사랑하는 것에게 배신당한 기분이 들었다. 그러니까 글에게. 글은 객관적인 점수가 매겨지는 시험과 다르기에 더 그랬던 것 같다. 정확히 어떤 부분이 부족했는지, 왜 떨어졌는지 알기 어려웠다. 어쩔 수 없이 내 글에 대한 의심이 들었다. 글쓰기 자체에 권태와 회의를 느꼈다. 한때 삶의 동력이라고 여기고 사랑했던 일에 이토록 무감해질 수 있다는 것이 슬펐다. 더는 내가 글을 쓰고 싶지 않을까 봐 무서웠다.

추가 합격 끝에 한 대학교의 극작과에 들어가게 되었지만, 내가 배우고 싶었던 소설과 시를 배울 수 없었다. 희곡은 지금까지 써 오던 글과 결이 달랐고, 이 방식으로 내가 정말 하고 싶었던 말을 할 수 있을까 하는 의문이 들었다. 그러나 이곳에서 평소 잘 읽지 않았던 다양한 형태의 문학을 접할 수 있었다. 나처럼 문예창작과를 준비하던 동기들을 만나 의지할 수 있었다. 생각지도 못한 곳에서 예상치도 못한 양분과 마음, 인연을 선물받았다. 한 학기 동안 학교에 다닌 후, 본격적으로 다시 입시를 시작했다. 학원에서 나를 가르쳐 주셨던 선생님께 과외 수업을 들었다. 재수 때까지는 거시적인 사회 문제와 구조적인 층위를, 그 안에 놓인 한 개인의 삶을 보여 줌으로써 드러내고자 했었다. 거대한 문제를 거창하지 않게 이야기하고 싶었다. 내가 대단한 이야기를 하고 있다는 선민의식에 빠지기 싫었다. 그리고 동시에 글에서 나 자신이 드러나는 것을 극도로 꺼렸다. 그래서 내 정서를 가진 인물을 나와는 아주 다른 환경이나 상황에 빠트려 놓는 방식으로 소설을 썼다. 예를 들어 여성이라는 소수자로 살아가며 느낀 내 정서를, 아이를 둔 기혼의 중년 여성이나 부당한 대우를 받는 직장인에게 투영하는 식으로 말이다. 당시 나와 너무 가까운 이야기를 쓰는 것이 멋지지 않다고 생각하기도 했지만, 실은 내가 솔직하지 못하기에 그랬던 것 같다. 나를 드러내면 반드시 상처받을 것 같았으니까. 내가 아닌 그저 글을 향한 비판을 받을지라도. 그러나 삼수를 하며 더 좁고 미시적인 이야기에 집중하게 되었다. 사람과 사람 사이의 관계와 감정, 그리고 나의 이야기를 꺼내려 노력했다. 동기들과 친구들, 과외 선생님 덕분이었다. 그들이 나를 믿어 주고 사랑해 줬기 때문에. 타인을 온전히 믿고 마음을 준다는 것이 무엇인지 알게 되었다. 내가 부족하고 이상한 모습을 보여도 타인은 나를 내치지 않을 수 있다는 것을 깨달았다. 그래도 괜찮다는 것을 그들이 알려 주었다. 그러자 나에게 조금 더 솔직한 글을 쓸 수 있었다. 수시에 또다시 모두 탈락했을 때도, 불안하게 다시 수능과 정시를 준비할 때도, 그들이 준 마음으로 살아갈 수 있었다. 한 번 더

하겠다고 다짐할 수 있었다. 그렇게 마침내 정시 실기 중 마지막 학교였던 숭실대학교에 합격할 수 있었다. 그날들이 지금의 나를 만들었다. 스물둘의 나를 만들었다.

문예창작과에 합격한 후 내가 쓰고 싶었던 소설을 써 보고, 배워 보고 싶었던 시를 배웠다. 내가 하고 싶은 말을 지금까지와는 다른 방식으로 해 보기도 했다. 비슷한 것을 좋아하고 비슷한 정서를 가진 사람들 속에서 안전한 기분을 느꼈다. 많은 것이 불안했지만, 안심되었다. 나의 입시를 돌이켜 보면, 내게는 사람이 전부였던 것 같다. 주변 사람들이 나를 더 나은 사람으로 만들어 줬고, 긴 입시 기간을 버틸 힘을 줬다. 그동안 끊임없이 다시 글을 사랑하게 해 줬다. 다시 쓰고 싶게 했다. 권태롭고 무상해지다가도 계속해서 글이 사랑스럽게 느껴졌다. 글 쓰는 일을 잘하고 싶어서 전전긍긍했고, 화났고, 아팠는데 그래서 기뻤다. 문예창작과 진학을 준비하는 이들이 있다면 사람과 글을 놓지 않았으면 좋겠다. 걷잡을 수 없이 무너지는 날도, 완전히 부서져 회복되지 않을 거라고 느끼는 날도 있을 것이다. 그럼에도 글쓰기를 계속 사랑하기로 마음먹었으면 한다. 그렇게 얼마가 될지 모르는 입시 기간을 버텨내고, 또 도전했으면 한다.

이민진

무서운 것이 많지만 꾸밈없는 글이 좋고 성실하진 않지만 꾸준해지려 한다. 항상 '그럼에도 불구하고'를 선택하는 사람이고 싶다.

데굴데굴 도토리 라이프

정수연(한양여대)

내가 글을 쓰게 된 건 순전히 내 의지였다. 누군가 글 쓰라고 협박한 적도 없었고 하늘에서 신내림 받듯이 작두 탄 적은 더더욱 없었다. 오히려 말리면 말렸지 부모님도 역시 글 쓰라고 억지로 시키지도 않았다. 그냥 매일 아침 일어나서 아침밥 먹듯이 책 읽다가 문득 그런 생각을 했다. 여기서 이렇게 쓰면 더 재밌지 않을까? 아마 그때부터 글에 간섭하고 싶어졌던 것 같다. 간섭하다 보니 글을 써 보고 싶다는 생각이 들었고 그렇게 몇 자 끄적거린 게 꽤 적성에 맞았다. 어렸을 때부터 좀 특이한 생각을 많이 한다는 이야기를 들었는데 그런 것들을 글로 적어 보니 뭔가 제법 내가 읽던 소설들과 비슷한 태가 났다. 처음엔 몇백 자, 그다음엔 몇천 자. 그렇게 늘어나고 늘어나서 이젠 분량 조절에 매번 실패할 정도로 말이 많은 글쟁이가 되어 가고 있다.

솔직히 글은 그저 취미였다. 그래서 백일장을 나가거나 공모전 준비도 해 본 적이 없다. 누가 내 글을 본다는 게 부끄럽기도 했고 글에 대한 자신도 없었다. 괜히 사서 욕먹는 기분이어서 꽁꽁 숨기기 바빴다. 마음에 드는 글들은 핸드폰 메모장에 따로 저장해 두고 가끔 생각나면 몰래 꺼내 읽었다. 수업 시간에도 딴생각에 빠지기 일쑤였는데 그럴 때마다 노트에 하나둘 끄적였다. 그렇게 쌓인 노트만 셀 수가 없다. 그런데도 글로 무언가를 해 보겠다는 생각은 전혀 하지 않았다. 공부는 더럽게 안 하고 맨날 수업 시간에 엎드려 잠이나 자서 잠수연이라는 별명이 생겼을 고등학교 2학년 막 학기 무렵에 담임 선생님이 그랬다. 목표 대학이 인 서울이라는 건 이제 말이 안 된다고. 포기도 할 줄 알아야 한다고. 원래 그렇게 톡 쏘듯이 말하지 않는 선생님이라는 걸 알아서 정신이 더 확 들었다. 내가 인 서울을 할 수 있는 방법을 찾아야겠다고 생각했다. 그런데 나는 할 수 있는 게 없었다. 그나마 끈기 있게 했던 거라곤 글밖에 없었는데 문제는 글로 대학을 갈 수 있냐는 거였다. 가장 먼저 인터넷 검색창에 쓴 문장은 이랬다. 글 써서 대학 가는 법. 길게 늘어진 지식인 질문에 답변이 달렸다. 작가가 꿈이시군요. 그렇다면 문예창작과가 딱이시네요!

처음으로 구했던 과외는 조건을 따질 시간도, 여유도 없었다. 우리 집은 원한다고 고가의 과외를 단번에 붙여 줄 수도 없는 상황이었고 나는 벌써 고3 개학을 앞두고 있었다. 그래서 조건은 단 하나만 봤다. 다른 곳보다 과외비가 싸야 한다는 것. 첫 수업 날, 선생님이 커리큘럼에 대해서 설명을 해 줬다. 일주일에 한 편씩 주어진 주제와 정해진 분량에 맞춰 글을 써 오라 했다. 그러면 같이 피드백을 하고 퇴고의 과정을 거칠 거라고. 내 글을 같이 읽고 고친다. 나는 그날 처음으로 모니터 앞에 앉아 글이 안 써지는 느낌을 경험했다. 누가 내 글을 읽는다고 하니 몸에 닭살이 돋아 한 글자도 못 적었다. 내 속도 모르고 시간은 빨리 지나갔고 그래도 나는 어떻게든 해 가는 녀석이었다.

기대를 안 했다면 솔직히 거짓말이다. 글을 써 내려가면서 칭찬받는 상상을 계속했다. 혹시 천재니? 같은 칭찬들. 당연하게도 결과는 처참했다. 내 글에 빨간 줄이 직직 그어지고 돼지 꼬리가 달렸다. 깨끗했던 A4 용지가 지저분해졌다. 그걸 가만히 내려다보기만 했다. 내 글을 처음 읽은 선생님의 첫 마디는 이랬다. 음, 나쁘지 않은데… 입시에서는 이런 글은 쓰면 안 돼. 글에도 제약이 있는 거였나? 처음으로 글이 낯설게 느껴졌다.

어느 정도 입시 글에 대한 파악이 끝났을 무렵, 나는 글에 대한 욕심이 조금은 줄어들었다. 대학에 가기 위해 시작했던 과외이긴 했지만 글이 정말 수단으로만 느껴질 때마다 기분이 썩 좋지는 않았다. 과외를 시작한 지 약 여섯 달이 지나고 글에 대한 흥미가 떨어지고 있을 때 선생님이 칭찬을 해 줬다. 좀 과장된 칭찬이었다. 실력이 너무 많이 늘어서 기쁘다고, 사실 너는 내가 제일 기대하고 있는 제자라고. 매번 표정이 안 좋았던 나를 위해 해 준 빈말일지도 몰랐지만 그 말이 아직도 생생하다. 어깨가 올라가는 느낌이었다. 그쯤 썼던 글들은 거의 김애란 작가의 「입동」이란 작품에 영향을 많이 받았었다. 선생님도 그걸 아셨는지 이제 나만의 글 스타일이 생긴 것 같다고 들떠 있었다. 나는 좀 어안이 벙벙했다. 아마 그때 그런 글을 쓰고 싶다고 다짐했던 것 같다. 어떻게든 사는 이야기 같은 것들. 사랑하는 사람이 죽었다고 세상을 멸망시키려는 이야기보다 그 사람이 남긴 오래된 자동차를 수십 년째 고쳐 타다 결국 어느 가을 마침내 시동이 걸리지 않는 장면으로 시작되는 이야기 같은 것들을 쓰고 싶다고. 어쨌든 살아 있는 것들의 이야기를 적고 싶다는 확고한 신념이 생겼다. 살아 있으면 된 거 아닌가. 그것만으로도 정말 장한 일이라고 소리치고 싶었다.

나는 결국 반수를 했다. 넣었던 문창과는 죄다 불합격이었다. 어디 하나라도 붙을 거라고 굳게 믿었는데 그게 생각보다 어려웠다. 빨갛게 뜬 불합격 글씨들을 연달아 보면서 기분이 축축처졌다. 그런데도 마음속에선 재수를 하게 되면 학원을 다니는 게 더 낫겠지? 하는 계획을 세우기 바빴다. 나는 불안한 건 싫어하는 성격이라 보험 하나라도 더 들어 놓는 게 마음이 편해서 문창과 다 떨어지고 딱 하나 붙은 대학교엘 다녔다. 학교 다니면서 실기 준비를 다시 시작했다. 그때 다니던 학과는 글 쓰는 것과 거리가 좀 멀었다. 그래도 남들과 다른 경험을 쌓는 거라고 여기면서 잘 다녔다. 정말 열심히 다녔다. 과대도 하고, 근로장학생도 하고, 차석도 했었다. 거기서 만난 친구들한테 솔직하게 반수를 준비하고 있다고 고백했던 때가 떠오른다. 점심 먹다 말고 하나같이 탄식을 하면서 배신자라고 욕을 했었다. 혼자 떠나서 잘 살라고. 웃기게도 정말 혼자 떠나게 되는 순간이 오자 마음이 나약해졌다. 학교와 친구들한테 정이 쌓이기도 했고 그간 해 온 게 아깝기도 해서 자꾸 우유부단한 소리만 해댔다. 친구들이 그랬다. 자기였으면 일말의 고민도 없이 뒤도 안 돌아보고 갔을 거라고. 얼른 가라고….

반수 합격 소식을 받았을 때 친구 집에 있었다. 나는 친구 집 식탁에서 뻥튀기를 먹고 있었고 친구는 거실에 누워서 유튜브를 보고 있었다. 원래 기대치가 기준보다 높아지면 흥분에 못 이겨 손에 잡힐 것도 놓치는 법이라는 걸 알았다. 그래서 최대한 무관심하게 굴려고 노력했다. 심장은 자꾸 눈치 없이 벌렁거리기 바빴다. 합격 발표가 오후 한 시쯤이었는데 일부러 딴짓 좀 하다가 한 시 오 분쯤 홈페이지에 들어갔다. 외우지 못한 수험 번호를 찾아 갤러리를 뒤지고 손에 익지 않은 수험 번호를 어설프게 쳤다. 엔터를 누르면서 눈을 동그랗게 떴다. 화면이 넘어가는 그 순간도 놓치기 싫었다. 두 눈 앞에 합격 축하한다는 파란색 문장을 보고도 장난인 줄 알았다. 내가 다른 사람의 수험 번호를 잘못 치고 들어온 줄 알았다. 이름이 같은 동명이인이겠거니 했다. 머릿속에 그런 생각들이 마구 뒤섞이다 나 정말 합격했구나! 하는 결론이 났을 때 냅다 소리를 질렀다. 거실에 누워 있던 친구가 납작해진 머리를 벌떡 들어 나를 바라봤다. 가만히 쳐다만 보던 친구도 뒤늦게 '빽' 하고 소리를 질렀다. 나도 깜짝 놀라 다시 한 번 소리를 질렀다.

문창과에 오자마자 직면한 문제가 하나 있다. 학생들이 쓰고 싶은 글을 써 오라는 과제. 그럴 때마다 머릿속이 하얗게 변했다. 나는 여태까지 정해 준 시제 안에서만 글을 이리저리 굴리고 반죽할 줄 알았지 이렇게 대놓고 쓰고 싶은 거 쓰라니까 또 멍해졌다. 참 알 수 없는 학과다. 하루는 노트북 하얀 배경만 바라보다가 끝난 날도 있었다. 뭐라도 적어 보려 했는데 영 모양새도 안 나고 마음에 들지도 않았다. 정말 쓰고 싶은 글이 있어서 온 건데 그 경계가 흐릿해졌다. 보는 이들의 입맛에 맞춰야 할 것 같은 기분이 들 때면 자꾸 압박감에 잠식되어 단 한 글자도 적지 못했다. 학과에 들어오기 전에는 확고했던 무언가가 자꾸 시들고 무너졌다. 매일같이 읽고 매일같이 글을 쓴다. 분명 이런 걸 하고 싶어서 포기하지 못하고 왔다. 그건 확실하다. 그런데도 아직 잘 모르겠다. 대충 끼워 맞춰 제출한 내 글이 그들에게 어떻게 보일지 아직까지도 겁난다. 그래도 어떻게든 해냈던 지난날처럼 떨어지는 콩고물 하나라도 얻어먹고 천천히 자라날 수 있을 거라고 믿는다. 뭐라도 꾸준히 하다 보면 되지 않을까? 자꾸 적어 보고 실망도 하고 또 적어 보는 거다. 데굴데굴 굴러가 보는 거다. 도토리처럼 말이다.

정수연

'오아시스'와 '블러'를 섞어 듣고 엘지가 우승할 거라는 소문을 매년 진지하게 믿을 정도로 줏대 없고 귀도 얇지만 꾸준히 그것들을 좋아하는 마음보다 더 진하게 소설을 좋아한다고 자부한다.

한 문장

한다혜(단국대)

2023년 8월, 저는 당시 면접 전형을 준비하고 있었습니다. 예상 면접 질문지를 채우는 과정에서 가장 마지막까지 채우지 못했던 건 아이러니하게도 자기소개 부분이었습니다. 나는 어떤 사람인지, 문학을 왜 좋아하는지, 글을 쓰려는 이유가 무엇인지에 대해 어떤 답도 쉽게 내리지 못했습니다. 강렬한 한 문장이 중요하다는데, 고작 그 한 문장을 쓰는 일이 제게 너무나 버겁고 답답했습니다. 저도 모르는 사이에 소설에 대한 방향과 마음을 잃고 그저 대학교 합격을 위해 글을 쓰고 있었기 때문입니다. 흔히 말하는 입시 글쓰기라는 행위에서 문학을 사랑했던 나를 까맣게 잊어버렸습니다. 그래서 저는 면접 준비를 위해 가졌던 시간에 아직도 감사합니다. 나의 과거를 되짚어 본 시간이 없었다면 저는 이 글을 쓰고 있지도 못했을 테고, 어쩌면 여전히 글을 재미없게 쓰고 있을지도 모르니까요.

저는 중학생 때 아무도 보지 않을 블로그에 몰래 글을 써서 올리곤 했습니다. 엉뚱하지만 인기 있고 재능도 많은 '성진'은 소극적이었던 저를 대신해 줄 수 있는 상상 속 인물이었습니다. 성진의 삶을 블로그에 짧게는 다섯 줄, 길게는 두 쪽까지 썼는데 중학교를 졸업할 때쯤엔 총 분량이 백 쪽을 훌쩍 넘어갔습니다. 그러나 시간이 흐를수록 눈에 보이는 엉성한 이야기와 납작한 성진이 아쉬워서 더욱 잘 쓰고 싶은 욕심이 들었습니다. 성진을 입체적으로 써 보고 싶어 한두 권 책을 찾아 읽은 일이 의도치 않았지만, 문학에 빠지게 된 계기였습니다. 당시 저는 인문학 책보다 문학 책을 많이 읽었는데, 소설의 몇몇 문장이 깊은 울림을 주며 저를 멈춰 세울 때마다 나도 이런 사람이 되고 싶다는 마음이 들었습니다. 그래서 평소 열심히 하던 그림을 접고 고등학생 때부터 본격적으로 글의 세계에 빠져들었습니다. 문학을 사랑하는 친구들과 모여 책 이야기를 나누고, 인물이 매력적인 영화를 보고, 시제에 맞춰 썼던 백일장과 이를 위해 밤까지 연습했던 제 방의 풍경 모두 문학을 더 넓게 배우고 싶다는, 그래서 대학교를 문예창작과로 가고 싶다는 소망을 강하게 만들었습니다.

천천히 제 삶을 돌아보며 적다면 적고 많다면 많은 제 글을 모아 놓고 보니 고등학교 3학년 때까지 몰랐던 하나의 공통점을 알게 됐습니다. 무언가 새롭게 생겨 들어선 자리보다 소리 없이 부재한 자리에 더 관심을 기울이고 집중해 쓴다는 점이었습니다. 휩쓸고 간 누군가의 흔적, 주변을 둘러싸고 있는 사물들, 남겨진 자들의 얼굴을 포착하는 일에 마음이 이끌렸고 제게 소중하며 근본적인 부분은 무엇인지 깨닫게 됐습니다. 저는 마침내, 사라지는 존재들을 기억하는 작가가 되겠다고 자기소개를 적을 수 있었습니다.

면접 질문지를 다 채운 뒤에는 제가 쓰고 싶은 소설들을 마구 적기도 했습니다. 글이 다시 막힐 땐 소설을 읽고, 평소 시간이 없다며 미루던 외국 작가 책들도 많이 읽었습니다. 수시와 정시라는 단어에 초조함을 느끼기보다 그저 내 문학을 단단히 해야 한다는 마음을 가질 뿐이었습니다. 설령 대학교에 합격하지 못해도 여전히 문학을 하자는 마음으로 남은 고등학교 3학년을 보냈습니다. 단국대학교 면접장에서 마지막으로 들었던 말이 아직도 생생히 떠오릅니다.

그 꿈이 꼭 이루어지길 바라겠습니다.

두려워도 꿋꿋하게 제 목소리로 글을 쓰는 고집 있는 작가가 되겠다는 저에게 해 주신 말이었습니다. 마치 처음 소설에 매료

되었을 때처럼 괜히 눈물이 날 만큼 심장이 두근거렸습니다. 고등학교 내내 무수히 많은 원고지를 쓴 시간과 국내외 작가 가리지 않고 책을 읽은 시간, 사색에 빠져 면접을 준비한 시간 모두를 통틀어 후회 없을 만큼 값졌다고 말하고 싶습니다. 더불어 실력은 부족하더라도 글을 쓰고자 하는 의지와 사랑하는 마음을 보고 뽑아 주신 단국대학교 문창과 교수님들께도 감사합니다.

단국대학교 문예창작과를 한 학기 동안 다니면서 저는 제 소설의 부족한 부분보다 강점을 더 많이 찾아갔습니다. 입학 당시만 하더라도 소설을 읽으면 읽을수록, 쓰면 쓸수록 제 소설이 부끄러워지고 타인에게 소설을 보여 주는 일이 두려웠습니다. 나보다 잘 쓰는 사람들을 보면서, 내가 쓰지 못할 것 같은 거대한 이야기를 상상하면서, 하루에도 수십 번 내가 글을 쓸 수 있을까 괴로워했습니다. 부끄럽지만 그런 고민을 계속하면서도 직접 몸으로 실행해 해결하지는 않았습니다. 나에 대한 불확실과 멀게만 느껴지는 목표에 허무하게 시간을 흘려보내기도 했습니다. 그러나 이런 생각과 생활은 24학번 동기들과 함께한 소설 쓰기 및 합평 수업에서 달라졌습니다.

난생처음으로 원고지 분량 칠십 매 소설을 썼을 때 괴로워하던 저를 스물여덟 명과 함께한 합평 수업이 도와주었습니다. 긴 시간 동안 공들여 쓴 글을 스무 명이 넘는 사람들이 세심히 읽어 준 것뿐만 아니라, 제가 미처 인지하지 못했던 제 강점을 찾아 줬습니다. 인물의 입체성, 대사를 통해 보여 주는 서사, 문장 사이사이에 있는 좋은 비유들을 찾아 주어서 정말 고맙습니다. 블로그에 올렸던 성진의 짧은 이야기는 기껏해야 한두 명 되는 사람들이 훑고 갈 뿐이었지만, 수업에서는 칠십 매 소설을 스물여덟 명이 직접 프린트하여 손으로 합평해 줄 만큼 꼼꼼하게 읽어 줬습니다. 소설을 사랑하는 사람끼리 모인다는 건, 그리고 그런 사람들이 제 글을 읽고 말해 준다는 건 먼 훗날을 예상해도 다시없을 소중한 경험이었습니다.

한 가지 더 생각나는 건 대범함을 배우게 되었다는 것입니다. 소설은 소설일 뿐이라고 생각하면서도 한편으로는 나아가 이 글을 쓰는 나를 이상하게 보면 어쩌지 하는 우스운 생각도 종종 했습니다. 내가 쓰는 인물은 내가 아니고, 하물며 소설에서 어떤 일이라도 일어날 수 있는데 저도 모르는 사이에 제 이야기를 작은 상자에 맞춰 재단하고 규제했습니다. 좀 더 넓게 생각하고, 자유롭게 말해 보고, 다양한 인물과 다양한 공간을 떠올릴 수 있었다면 지금보다 더 재밌게 글을 썼을지도 모르는데 말입니다.

문득 수업 중에 교수님이 해 주신 말이 떠오릅니다. 저희가 아무리 이상하고 폭발적인 소설을 써도 문학의 세계에선 오히려 평범하다고. 그러니 마음껏 이상하고 폭발적으로 써 보라고요. 저도 모르게 입시와 백일장 수상을 위해 안정적으로만 쓰려고 했던 고등학교 시절의 버릇이 남아 있었나 봅니다. 한 학기를 끝낸 지금, 비로소 조금씩 저를 옭아맸던 입시 글쓰기에서 벗어나는 듯합니다. 시제에 맞춰 쓰는 글이 아니라 내가 쓰고 싶은 글의 방향을 잡고, 세상을 포착하며 문학을 사랑하는 일. 그리고 이 길을 함께 걸어갈 동기들의 얼굴을 떠올리면 한 문단을 몽땅 지우게 되더라도 결국 종이에 한 문장을 더 쓰게 됩니다.

저는 메모장을 최대한 어디에든 들고 돌아다닙니다. 운동하고 여행 가고 사람을 만나는 매 순간을 즐기면서 동시에 언제 올지 모를 빛나는 순간을 놓치지 않기 위해, 생생히 기억하고 감각할 수 있기 위해 몸과 머리에 새기려고 노력합니다. 포기하지 않고 오늘도 한 줄을 쓴다면 분명 다음 날엔 더 멋진 한 줄을 쓸 수 있으리라 믿습니다. 꿋꿋하게 제 목소리로 소설을 쓰는 고집 있는 작가, 사라지는 존재를 기억하는 작가가 되기 위해 용기를 내 오늘도 책상 앞에 앉습니다. "우리 소설 쓰자."라는 말은 몹시 긴장되는 말입니다. 소설을 쓰며 산다는 건 눈을 뜨고, 귀를 열고, 수없이 몸을 움직이며 생각하는 힘들고 바쁜 삶을 산다는 것과 마찬가지니까요. 힘들지만 가득 찬 삶, 지금의 저를 있게 만든 건 면접을 위해 준비했던 한 문장이기도 했고, 교수님이 들려주신 한 문장이기도 했으며 문학의 수많은 한 문장이기도 했습니다. 이 글을 읽는 모든 사람이 소중히 쓰인 모든 글을 사랑하기를 바라며 마음을 잃지 말고, 겁먹지 말고, 오늘도 그저 한 문장을 쓰기를 바랍니다.

한다혜

화나고 슬픈 일이 생기면 문장으로 어떻게 표현할 수 있을지부터 생각한다. 챗GPT도 위로 먼저 해 주던데, 소설을 포기하지 않는 이상 나는 내게 너무 너무한 사람이다.

졸업생

곽재민 _단국대

김병준 _숭실대

유정윤 _한양여대

임찬주 _한양여대

장대성 _단국대

조민아 _숭실대

무게를 올리는 법

곽재민(단국대)

졸업 후 학교 대신 헬스장에 출석하고 있다. 글을 쓰기 위해선 체력이 중요하다는 김설원 교수님의 말씀이 나를 계속 움직이게 만든다. 오래 앉아 있기 위해 러닝머신 위에 오래 서 있는 요즘이다. 운동을 할 때면 감당 가능한 무게가 어느 정도인지 확인하곤 하는데, 방법은 간단하다. 1세트에 열 번의 왕복이 가능해질 때 무게를 조금씩 올려 본다. 이를 반복하면서 점차 무게를 올려 나가는 것이 헬스의 기본이다. 이러한 방식은 어떤 것에도 적용이 가능하며 이는 소설도 마찬가지다. 정확히 열 번 해냈을 때, 무게를 올리면 된다.

고등학교 2학년. 소설가란 막연한 꿈이 있었기에 간헐적으로 글을 쓰곤 했지만, 이때까지만 해도 꾸준히 글운동을 한 적이 없었다. 그때 당시 교실에서의 내 행동 방식은 딱 두 가지였다. 잠을 자거나, 글을 쓰거나. 자는 걸 두 눈 뜨고 못 보는 선생님의 시간엔 주로 후자의 행동을 하곤 했다. 얼떨결에 내 인생 첫 번째 합평을 받았던 날, 그때도 자습 시간에 글을 쓰고 있었다. 교과서 대신 공책을 펼친 걸 고깝게 본 국어 선생님은 내 공책을 뺏어 갔고, 그대로 담임 선생님에게 전달했다. 그로 인해 나는 쉬는 시간에 교무실로 불려 가야 했다. 수많은 걱정을 안고 찾아간 교무실에서 담임 선생님은 의외의 행동을 하고 계셨다. 내 소설을 천천히 읽던 선생님은 머지않아 교정을 마쳤고, 부족한 지점이 어딘지 짚어 주셨다. 순간 부끄러워졌지만, 이내 공책을 덮은 선생님이 내가 쓴 글이 좋다고 말해 주셨다. 선생님은 내게 글 쓰는 것이 좋은지 물으셨다. 나는 공책을 돌려받고 싶은 마음에 고개를 끄덕였다. 담임 선생님은 두 가지 충고와 함께 내 공책을 돌려주셨다. 하루에 한 시간씩 매일 소설 쓰기와 꾸준한 독서. 담임 선생님의 말은 강한 동기 부여가 됐고, 나는 그때부터 꾸준히 글을 쓰기 시작했다. 처음으로 단편을 완성했고, 소설을 쓴다는 것이 얼마나 재밌는 일인지 알게 된 순간이었다.

소설가를 꿈꾼 건 중학교 때였지만 문예창작과가 있다는 사실을 알게 된 건 고3 여름이었다. 삼천 자 콩트에 대한 개념이 없던 나는 운동 방법을 모르는 사람처럼 무식하게 소설을 썼다. 나는 수기로 소설을 쓰곤 했는데, 게임만 하게 될까 걱정하던 부모님이 컴퓨터에 비밀번호를 걸어 둔 탓이었다. 그러던 어느 날, 소설적 사건처럼 갑자기 무슨 일이 내게 일어나고 말았다. 평소에 들고 다니던 공책을 집에 두고 학교에 간 게 화근이었다. 어머니가 낙서인 줄 알고 종이를 찢어서 버리고 만 것이다. 서운한 마음에 집을 나간 나는 당시 다니던 유일한 학원이었던 국어 학원으로 도망갔다. 소파에서 하루만 자겠다고 떼쓰던 내게 한 선생님이 집 나온 이유를 물었고, 난 방금 있었던 일을 설명했다. 헛웃음을 치던 선생님은 내게 어디 한번 잘난 글 써 보라며 종이를 건넸고, 평범한 제시어를 주셨다. 제시어에 맞춰서 글 쓰는 방법을 몰랐던 나는 갈피를 잡지 못하다 겨우 어렵사리 하나의 글을 써냈다.

하지만 내가 들인 시간에 비해 선생님의 감상평은 짧았다. 소설이 너무 별로니 까불지 말고 집에 들어가라. 잠들 곳을 찾지 못했으니 난 꼼짝없이 집으로 돌아가야 했다. 그리고 다음 날, 학원에 가는 날이 아니었음에도 선생님의 부름을 받아 학원으로 향했다. 선생님은 자신이 명지대학교 문예창작과 출신이란 얘기를 하며 내게 중고 소형 노트북을 건네셨다. 선생님은 노트북을 빌려줄 테니 하루에 하나씩 콩트를 작성해 오라고 했다. 입시를 준비하며 제대로 된 글운동을 시작하게 된 순간이었다. 선생님은 문예창작과 입시가 어떻게 이뤄지는지 내게 설명했고,

매일 제시어를 전달해 주셨다. 난 받은 호의에 상응하는 노력을 하기 위해 부단히 노력했다. 5개월간 꾸준히 삼천 자 콩트를 밸어낸 덕분에 난 실기 시험 때 당황하지 않았고, 단국대학교 문예창작과에 입학하게 됐다.

문제라면 대학교에 입학하고 나서 꾸준히 해 왔던 글운동을 이어 가지 못했다는 것이다. 대부분의 문창과 학생들이 겪는 어려움이겠지만, 나 역시 거듭되는 성적 하락과 합평에서 혹평이 지속되며 동력을 잃어 갔다. 학년이 올라가면서 삼천 자 콩트에서 원고지 팔십 매로 무게를 올리고자 노력했지만 번번이 실패했다. 그렇게 별다른 소득 없이 학교에 다니던 2022년도 2학기, 당시 거듭되는 낙방으로 문학을 포기해야 할지 고민이 깊어지던 때였다. 나는 누군가에게라도 하소연하고 싶은 마음에 다짜고짜 교수님을 뵙고자 마음먹었다. 내가 찾아간 해이수 교수님 사무실 앞엔 여러 가지 좋은 문구가 적혀 있었는데, 기가 막히게도 오로지 한 문구만이 내 눈에 들어왔다.

'단편 열 편을 쓴 사람은 문을 두드리세요.' 손가락으로 내가 썼던 단편의 개수를 세어 봤지만, 왼손은 필요하지도 않았다. 그러곤 나는 구시렁거리며 발길을 돌렸다. 기필코 열 편 쓰고 저 문을 두드리러 가겠다는 오기와 함께 말이다. 내가 어떤 학생이더라도 분명 교수님은 반갑게 맞이해 주셨겠지만, 그 문구를 보고 나선 바리케이드가 쳐진 것처럼 내 몸이 움직여지지 않았다. 해이수 교수님이 수업 시간에 무게 올리는 방법을 설명하신 적이 있다. '열 개의 단편을 썼을 때 하나의 중편소설을 쓸 수 있을 것이다. 하나의 장편을 쓰기 위해선 열 개의 중편소설이 필요하다.' 발길을 돌렸던 그날, 머릿속에 하나의 퀘스트가 각인됐다. 단편소설 열 개 쓰기. 그리고 그로부터 일 년이 지난 2023년 12월, 난 퀘스트를 달성했다. 이제 보상을 받으러 갈 차례다. 나는 즐거운 소식과 함께 문을 두드렸고, 그때의 해프닝을 얘기해 드렸다. 교수님은 별다른 말씀 없이 내가 감당할 수 있는 무게가 늘었다는 사실에 기뻐하셨다.

이제 완성된 소설 폴더엔 열 편의 단편이 쌓였고, 그사이 무게를 올려 중편소설 하날 썼다. 중편 아홉 편을 써서 다시 한번 무게를 올리고 장편을 써 보고 싶다. 이르면 내년, 혹은 내후년에 내 이름으로 장편소설이 발표될지도 모르겠다. 어렸을 때부터 고대해 왔던 순간이 현실이 되도록 열심히 해 볼 생각이다. 지난 일 년 동안은 웹소설을 연재해 왔는데, 조만간 다시 시작해서 완결까지 달려 보고 싶다. 예기치 못한 일들이 많이 일어나는 요즘, 내 미래를 속단하긴 어렵다. 직장에 들어갈 수도 있고, 시나리오를 쓸지도 모르겠다. 어쨌거나 글을 놓을 생각은 눈곱만큼도 없다. 내가 어떤 일을 하든지 한 가지 공식만 잊지 않으면 된다. 정확히 열 번 해냈을 때 무게를 올릴 것.

곽재민

도시에 살지만 2024년 《농민신문》 신춘문예 단편소설 부문에 당선되었다. 음치이지만 취미로 작곡을 하며, 웹툰을 즐겨 보진 않는데도 웹소설을 쓰고 있다. 여러모로 모순적인 사람이다.

나와 남과 문예창작학과

김병준(숭실대)

안녕하세요. 저는 숭실대학교 인문대학 예술창작학부 문예창작전공을 졸업한 17학번 김병준입니다. 숭실대학교에 들어왔을 때 저는 문예창작전공이 아닌, 예술창작학부의 다른 과로 입학했습니다. 숭실대학교에 입학한 지 두 해가 지나서 문예창작전공으로 전과를 신청했습니다. 아직도 학과장 교수님과의 면접이 기억에 남습니다. 코로나19 팬데믹 시기여서 대면으로 면접을 보지 못했는데, 교수님께서 문학에 대한 열정이 남다르냐고 물으셨습니다. 선뜻 대답하지 못하고 침묵으로 일관했는데, 그때 그 침묵은 마치 축축한 땀이 가득 찬 손을 펴지 못하는 느낌이었습니다. 주먹을 쥐었다가 펴는 일처럼 아주 쉽다고 생각하던 대답을 어렵사리 내뱉자, 면접은 금방 끝나 버렸습니다. 안도감보다는 갑갑한 기분이었습니다. 왜냐하면 열정이 남다르냐고 물으셨을 때, 저한테는 비교할 남이나, 이 길을 같이 갈 동료도 없었습니다. 걱정과는 다르게, 전과 승인이 났고 학기는 금방 시작됐습니다.

일주일도 채 지나지 않고 제 열정이 남과 다르지 않다는 사실을 알게 됐습니다. 저와 같이 문학을 하는 학생들만 있는 강의실에 앉아 수업을 듣는 일, 모두가 본인 관심사를 좇아 습작하고 연구하는 일이 일상인 곳에 제가 놓여 있었습니다. 모두 비슷한 관심사와 문학이라는 목표를 갖고 있는 사람들 속에 있으면 안도할 줄 알았던 제 예상과 달리, 몰개성함과 특별하지 않다는 나만의 불만이 쌓이기 시작했습니다. 그때부터 제 입시가 시작된 것 같습니다. 제가 한 말을 지키기 위해 부단히 읽고 쓰기 시작했습니다. 매일 공부하고 습작하면서 잘하고 있는지조차 의뭉스러울 때, 한 친구를 만났습니다. 이 친구는 문학을 하기 위해 다니던 대학을 자퇴하고 숭실대 문예창작전공에 입학했다고 자기를 소개했습니다. 전과와 자퇴 후 재입학이라는 공통점으로 친해지기 시작하고 곧바로 창작 스터디를 만들었습니다.

이때까지 저는 타인에게 작품을 보여 준 적이 없었는데, 돌이켜 보니 그저 상처받기 싫었을 뿐이고 발전에 크게 신경쓰지 않았던 것 같습니다. 막상 친구의 합평을 들어 보니 상처보다는 발전에 더 매혹된 것 같습니다. 드디어 남이 생긴 저는 남다를 기회가 생긴 것입니다. 삼 년이 지난 지금까지 이 친구와 계속 합평하며 공부하고 있습니다. 서로의 작품을 합평하는 동시에, 각자 수업을 듣고 좋은 내용을 공유하면서 더 나아가려고 노력 중입니다. 두루뭉술하던 창작 스터디는 시 창작 스터디로 바뀌었습니다. 학교를 다니면서 저희는 '시'에 빠져들었습니다. 저는 처음에 시나리오를, 친구는 소설을 지향했는데 수업 시간에 시를 배우면서 시 창작에 열을 올리고 있습니다. 저희를 시로 이끌어 주신 교수님은 "시인은 이 세상에 유일무이한 한 사람"이라는 매혹적인 말을 해 주셨습니다. 그날부터 시집을 읽기 시작했고 분석과 창작으로 자연스럽게 이어졌습니다. 해가 지날수록 합평의 방식이나 창작에 관한 각자의 의식을 깊게, 넓힐 수 있도록 열심히 읽고 쓰고 있습니다. 비록 여태 손에 땀이 주룩주룩 흐르는 기분이고, 내가 과연 남다른지 명쾌하게 대답할 수 없지만, 계속 같이 갈 '남'과 함께 연구하고 창작할 수 있어 다행이라는 안도감이 저를 쓰게 만듭니다.

졸업 후에 여러 일을 전전하면서도 계속 공부와 습작을 병행하다가 결국 숭실대학교 일반대학원 문예창작학과에 입학했습니다. 친구는 학부 수업을 들으면서 최근에 학·석사 연계 과정에 합격하여 대학원 입학을 기다리고 있습니다. 저희는 아직도 등단의 목표를 갖고 쓰고 있습니다.

저는 때때로 학과장 교수님과 전화했던 순간이 떠오릅니다. 긴장해서 축축한 손을 말릴 생각조차 하지 못하고 안절부절못하던 제 모습이 눈에 선합니다. 처음엔 이런 기억이 부끄러웠는데, 동료와 합평하거나 공부할 수 없었더라면 부끄러움도 모르는 무감각한 삶이 저를 기다렸을 것 같습니다.

놀랍게도 아직 제 입시는 끝나지 않았습니다. 문창과 입시를 준비하는 이들이 이 말을 들으면 경악할 수 있지만 글쓰기를 시작하는 순간부터 저는 입시처럼 매일 꾸준하게 쓰고 있습니다. 저는 문학에 있어 결실을 보지 못했지만, 이 일이 쉽게 결과를 얻고 빠르게 당도할 수 있는 길이었다면 재미없을 것 같습니다. 계속 나아갈 길이 있다는 점과 매번 새로움에 도전하는, 세상에 유일무이한 일을 하고 있다는 것 자체가 큰 기쁨이고 재미라고 생각합니다. 물론 지치고 어려운 길이지만 쓰지 않고는 못 배기는 분들이 주변에 더 많아졌으면 좋겠습니다. 좋은 문학 작품을 보고 의견을 나누는 일과 자기 작품을 합평하는 일이 일상에 스며들 수 있기를 기원합니다. 꼭 남과 함께하여 남다를 기회를 쟁취하시길 바라면서 유일무이한 한 사람이 되셨으면 좋겠습니다. 저는 비록 문예창작학과 대학 입시를 겪지 않았기에 이 글이 입시 선례는 될 수 없을지언정 어딘가 있을 예비 후배님을 같은 작업을 하는 동료로서 응원하겠습니다.

김병준

저는 앞으로도 시를 읽고 싶어요. 5km 달리기를 하고 나면 드는 생각이에요. 언젠가 마라톤을 뛸 작정으로 뛰고 있는데, 마라톤을 완주하고 나서도 이 생각은 멈추지 않았으면 좋겠어요.

함께 쓰는 이유

유정윤(한양여대)

　나는 항상 잘하고 싶었다. 살면서 무언가를 잘해내지 못한 적이 거의 없었다. 나는 대체로 누군가의 모범이었고 부러움의 대상이었다. 이 말은 절대 내가 뛰어난 인재라는 뜻이 아니다. 무척 비겁했기 때문에, 내가 잘할 수 있는 것과 하지 못할 것 같은 일들을 잘 구분한다는 뜻이다. 나는 내가 잘해내지 못할 것 같은 건 손도 대지 않았다. 사실은 하고 싶었는데, 나의 무력함을 들키기 싫어서 날려 보낸 것들이 많았다. 그런 내가 처음으로 용기를 내고 싶었다. 보장되지 않은 것에 도전하기. 바로 문예창작과 입시였다. 나는 글을 좋아한다. 그러나 '좋아한다'와 '잘한다'의 사이에는 넘을 수 없는 벽이 있다. 그러나 좋아하기 때문에 잘하지 못해도 겪어 보고 싶었다.

　뭘 쓰고 싶어서 용기를 냈냐고 묻는다면 사실 명확하게 답할 수 없다. 다만 두 해의 학교 생활을 돌아보며 깨달은 것은, 글을 쓸 때 내가 살아 있다는 감정을 느낀다는 거다. 고래에 대한 글을 쓴 적이 있다. 나는 글을 쓰는 내내 내셔널지오그래픽 채널을 틀어 놓고 있었다. 티브이 화면은 바다로 가득 차 있었다. 맨몸으로 들어가면 죽는 세계, 숨을 들이쉬려 할수록 죽음이 밀려들어오는 세계. 흰긴수염고래에 대한 특집이었다. 정확한 학명은 대왕고래라고 했다. 나는 방 안에 가만히 앉아 멸종이 가까워졌다는 생물과 눈을 맞춘다. 티브이 속 생명체는 내가 알 수 없는 언어로 울부짖는다. 그러나 나는 그 생물들이 살고자 한다는 것을 느낄 수 있었다. 티브이 화면을 두고 나와 고래들은 각자의 삶을 살아간다. 고래는 열심히 숨을 쉬고, 나는 글을 쓴다. 열심히 글을 쓴 밤이면 꿈을 꾼다. 꿈에서는 육중한 몸을 가진 고래가 되곤 한다. 우습게도 바다를 누비는 것이 아니라 잘 움직여지지 않는 지느러미를 펄떡이며 사막을 헤맨다. 한참을 꿈안에서 헤매고 나면 완성하지 못한 원고가 떠오른다. 과제가 밀리고 쓸 것은 많은 생활이지만 나는 그 어떤 순간보다 살아 있었다.

새벽 세 시쯤 창밖을 내다본다. 아무리 둘러봐도 사람의 흔적은 없다. 마치 세상에 나 혼자 남겨진 것 같을 때. 맞은편 아파트의 불들은 모두 꺼져 있고 길가엔 아무도 지나가지 않는다.

그런 고요 속에서 가끔 불 켜진 집을 발견할 때가 있다. 낮에는 너무나 흔해서 눈여겨보지 않았던 불빛이다. 저편에서는 나의 존재를 알 리 없지만, 멸망한 세계 속에서 나 이외의 생존자를 발견한 것처럼 반가움이 들곤 한다. 글을 쓰다 보면 끊임없이 사람의 흔적을 발견하고 싶은 마음에 사로잡힌다. 나 혼자만의 마음을 써 내려가는 일은 생각보다 외롭다. 이런 기분을 느끼는 게 나 혼자가 아니라는 걸 확인받고 싶어진다. 내 이야기를 쓰는 데 타인이 필요하다니 아이러니하다.

문예창작과 생활 중 가장 힘이 됐던 건 같이 쓰는 친구들이 었다. 어둠 속에서 빛나는 불빛들은 존재하는 것만으로 위로가 된다. 쓰는 이야기는 각자 다르지만, 서로 '쓰기'라는 행동을 통해 일종의 연대를 쌓는 것이다. 친구의 힘은 급박한 상황일수록 빛을 발한다. 그리고 문예창작과 학생들이 가장 급박한 시기는 역시 시험 기간이다. 문예창작과의 중간고사와 기말고사는 팔할 정도가 과제 제출로 이루어진다. 다른 학생들이 시험공부에 매달리고 있을 때 우리는 빈 문서와 씨름을 한다. 그때 결성되는 모임이 있다. 이른바 '과제 마감 모임'이다. 노트북을 펼치고 영상 통화를 시작한다. 물론 카메라가 켜져 있기 때문에 자리를 비우거나 다른 행동을 할 수 없다. 정해진 분량을 쓰기 전엔 누구도 이 전화를 끊을 수 없다. 쓰다 지쳐 화면을 바라보면 모두 열심히 쓰고 있다. 그런 화면을 바라보고 있으면 어쩐지 든든해진다. 서로 다른 곳에 있지만, 우리는 함께 쓰고 있다. 나는 이 감정을 느끼기 위해 문예창작과에 입학한 것일지도 모른다. 혼자였으면 분명 도중에 그만두었을 것이다.

사실 졸업한 지금은 글을 많이 쓰지 않는다. 문장들도 전부 녹슨 것 같다. 한글 문서 한 페이지를 꽉 채웠다가 전부 지워 버린 일도 많다. 학교 다니던 때에는 매일 핑계를 댔다. 오늘은 이 과제를 해야 하니 내일 쓰도록 하자, 내일까지 마감인 과제가 있으니 이번 주엔 꼭 써야지. 졸업만 한다면 당장이라도 몇 편의 글들을 써낼 수 있다고 진심을 섞은 농담도 많이 했었다. 그러나 졸업한 지 여섯 달이 넘어가는 지금 오히려 학교 울타리 안에 있던 때보다 글을 더 쓰지 않게 됐다. 대학 이 년 동안 나는 약간의 강제성을 부여받아 비평과 에세이, 소설과 시를 가리지 않고 일주일에 두 편 이상 썼다. 모든 글에 마감이 정해져 있기 때문이었다. 그렇게 바라던 자유를 얻은 뒤에는 글쎄, 완성한 글이 한 편뿐이다. 억압된 환경이 일을 시작하게 하는 원동력임을 다시 깨닫는다. 요새 유행하는 단어 중 재미있는 표현이 있다. '게으른 완벽주의자'라는 말인데, 자신의 준비가 완벽해질 때까지 작업을 시작하지 않는 사람을 뜻한다. 문예창작과의 가장 좋은 점은 '게으른 완벽주의자'에서 벗어날 수 있다는 게 아닐까? 깊은 생각을 할 시간도 없이 마감에 맞춰 허둥지둥 쓰던 날이 그립다. 글은 큰 준비 없이 쓸 때 잘 써진다. 잘 써내야 한다는 생각을 가진 채 미루다 보면 글은 점점 더 멀어져 버렸다. 요즘은 졸업한 친구들과 쓰기 모임을 하고 있다. 위에서 나온 '과제 마감 모임'과 비슷한 느낌이다. 마감의 강제성이 없다 보니 모임은 불규칙적이지만, 혼자 쓰는 것보다 재미있다. 항상 생각했듯 문예창작과 생활에서 얻은 가장 큰 선물은 친구들이니까 말이다. 어찌 되었든 나는 적게나마 글을 쓰고 있다. 정말 쓰기 싫은 날에는 '잘 쓰게 될 줄 알았지'라는 말 대신 '잘 쓰고 있어'라고 되뇌어 본다.

유정윤

요즘은 공포 영화를 많이 보고 있습니다. 눈을 감으면 보이지 않는 것들이 자꾸 맴돕니다.

커넥팅

임찬주(한양여대)

나는 조금 특별한 사람에 해당한다. 실력이 뛰어나거나 자기만의 색깔이 확실해서가 아니다. 나는 유아교육을 공부했고 교사를 직업으로 삼아도 나쁘지 않을 것 같다고 생각했다. 하지만 내 안에 어떤 작은 열망이 있었다. 생각해 보면 나는 어릴 때부터 책과 함께였다. 주로 도서관에서 시간을 보냈고 책을 많이 읽어 조회 시간에 상을 받기도 했다. 성인이 돼서도 책 읽는 것을 좋아하는 것은 변하지 않았다. 하지만 이때까지도 내가 무언가를 쓸 거라고는 생각하지 못했다.

더웠던 여름. 나는 아동문학 강의를 수강하게 됐다. 문학에 대해 한 번도 제대로 배워 본 적 없던 터라 눈을 반짝였던 것 같다. 생각보다 수업은 훨씬 흥미로웠고 기억에 오래 남았다. 이 사건은 일종의 터닝 포인트가 되었다. 이후 나는 조금씩 나의 생각을 글로 적기 시작했다. 서툴지만 고치고 적기를 반복했다. 최대한 많이 보고 내 것으로 만들려고 노력했던 시간이었다. 그러나 독학이라는 한계를 직면하고 제대로 글 쓰는 것을 배워 보고자 한양여자대학교 문예창작과에 입학하게 된다. 하지만 문예창작과라는 벽은 생각보다 높았다. 그저 책을 많이 읽거나 자신의 생각을 옮겨 적으면 끝나는 일이 아니었다. 적어도 나한텐 그랬다. 이미 반에는 월등하게 글을 잘 쓰는 친구들이 있었고 나는 그 속에 섞일 수 없는 기름 같은 존재였다. 합평을 할 때면 공연히 두려운 마음이 앞선 게 사실이었다. 제발 내 이름이 불리지 않기를 간절히 바랐던 순간도 있다. 하하. 내 작품이 턱없이 유치하게 느껴져 좌절감에 시달린 적도 여러 번이었다. 답이 명확하게 존재하지 않는다는 사실은 꽤 뒤늦게 깨달았지만. 아마 당시에 나는 나만의 세계관을 이제 막 만들어 가는 과정에 속했기에 더욱 그렇게 느꼈던 것 같다.

실력이 부족했던 내가 가장 먼저 시작한 일은 모방이었다. 고전부터 현대에 이르기까지 최대한 다양한 시각을 키웠다. 어느 한쪽에 치우치는 것은 추천하지 않는다. 방식은 필사를 하거나 소리 내서 읽어 보는 식이었다. 다음으로는 새로운 작업이 필요하다. 자칫 이미 존재한 것을 내 것으로 착각할 수 있기 때문에 새롭게 시각화해야 한다. 창작의 과정이라 일컬을 수 있겠다. 모방에서 나만의 시각으로 재탄생시키는 것이 필수적이다. 가장 어려운 작업이기도 하다. 하지만 사물을 보고 생각하는 것은 다 다르기 때문에 너무 부담 갖지는 않아도 된다. 누군가는 개미에서 우주를 보기도 한다. 전혀 생각지 못한 것을 풀어낼 때 작품이 나오기도 하듯이. 마지막으로는 많이 적고 고치는 작업에 들어가는 것이다. 많이 적다 보면 다양한 것을 시도해 볼 수 있다. 역량을 넓히는 것에 해당한다. 퇴고에 있어서는 자신의 의견은 주관적이기 때문에 타자의 눈이 필요하다. 자신의 작품을 계속해서 읽다 보면 객관적인 시각을 잃어버리기 마련이다. 그렇다고 무조건적으로 타인의 의견을 수용하라는 뜻은 아니다. 누군가 성의를 가지고 자문해 준다면, 혹은 여러 명의 의견이 동일하다면 고치는 것에 대해 고려해 볼 수 있다. 분별력이 필요하다. 이렇듯 많이 적고 고치는 과정을 거치면 꽤 멋지게 다듬어진 작품과 마주할 수 있다. 아마 완벽한 작품을 쓰기란 어렵다고 생각한다. 작가의 숙명에 해당한다.

재학 시 동기들은 크게 운문과 산문으로 나뉘었는데, 나는 둘 다 좋아했기 때문에 한정 지을 수 없었다. 굳이 말하자면 운문 쪽에 가까웠다. 의도한 건 아니지만 1학년 때는 시 전공인 A와 2학년 땐 소설 전공인 B와 함께하게 됐다. A가 휴학하게 되면서 그렇게 됐다. 시 이야기를 먼저 해 보자면 일단 수업이 무척 좋았다. 따로 교재 없이 진행되었기 때문에 처음엔 낯설었지만 매 수업마다 교수님이 선정해 온 시를 분석하는 작업이 좋았다. 유려한 문체와 함축적인 시에 담긴 수많은 의미가 좋았다. 처음엔 수수께끼 같다고도 느꼈다. 뭘 이리 감추는 게 많은지. 투명했던 내 시와는 대조적이었다. 흔히들 행과 연을 맞추면 시가 된다고 생각하지만 그렇게 단순한 작업은 아니다. 더군다나 내 시는 독자가 상상하거나 유추해 볼 거리를 제공하기보다 관념적인 시에 속했고 솔루션이 필요했다. 시의 구조와 형태는 생각 이상으로 다양했다. 이론 중심의 수업은 나에게는 많은 도움을 주었다. 기성 작가의 작품들을 계속해서 다루며 점차 시에 담긴 의미를 찾고 해석할 수 있게 되었고 다양한 기법으로 시를 써 보기도 했다. 시 수업을 통해 가장 크게 배운 것이 있다면 감각이다. 감각이 잘 묻어난 문체는 눈을 사로잡는다. 같은 내용이라도 어떻게 쓰느냐에 따라 달라진다. 단순했던 문장이 점점 유연해지는 재미를 알기 시작했고 A의 도움 또한 크게 작용했다. A는 사실 입학 실기 시험에서 우수한 성적으로 들어온 친구였다. 친해지고 나서야 알게 된 사실이었지만. 시에 관해 확고한 색깔이 있어 같은 동기지만 멋져 보였다. 작성된 시를 A에게 보여 주고는 했는데, 돌아온 건 쓴소리에 가까웠다. 때로는 자존심이 상하기도 했다. 그러나 결과적으로는 큰 도움이 됐다. 더 나은 방향성을 제시해 주어 실력이 향상될 수 있었고 현재에 이르게 됐다. 칭찬을 받기까지 시간이 제법 걸리긴 했지만, A에게 고맙다.

　다음으로 소설 이야기를 해 보자면 소설은 나에게 도전이었다. 소위 '소설 쓰지 말라'는 말을 들어 본 적이 있을 것이다. 부정적인 요소가 더 많이 차지하고 있다. 터무니없는 말, 혹은 꾸며내는 말이라고 생각할 때 이런 소릴 한다. 하지만 수업을 들으며 그것은 완전히 틀렸음을 깨닫게 됐다. 물론 장르에 따라 다르긴 하지만 소설은 문제의식과 현실을 정면으로 마주하고 있다. 생각할 거리를 제공하고 우리로 하여금 숙제를 남긴다. 일종의 메시지가 필요하다. 내가 무엇을 말하고자 하는지. 주제 의식을 가지고 글을 써 내려가야 한다. 긴 글인 만큼 독자와의 소통이 문제시되는데, 머릿속에 있는 이야기를 글로 옮겨 적는 작업을 하다 보면 간과하는 것이 발생한다. 정보 부족이다. 나는 알고 있지만 독자는 모른다. 내가 알고 있으니까 생략하게 되는 것이다. 그럼 문장으로만 접하는 독자는 이해도가 떨어지게 된다. 합평을 받으며 알게 된 점이다. 하지만 무엇보다 가장 힘들었던 건 분량이 아닐까 싶다. 시를 쓸 때도 길게 쓰는 편은 아니었기에 분량 지옥에 빠졌다. 소설은 완성하기까지 많은 시간이 소요될뿐더러 압박감에 시달렸다. 깜빡이는 커서를 가만히 바라볼 때도 많았다. 이럴 때마다 B는 내게 큰 힘이 됐다. 추가하면 좋을 것 같은 사건이나 배치 등을 봐 주었고, 이에 영감을 받아 계속해서 글을 쓸 수 있었다. 사실 B와의 만남은 조금 특별했다. 같이 다니는 친구는 아니었지만 작품을 통해 누군지는 알고 있었다. B의 소설이 내 취향이라 기억에 남았다. 문예창작과 특성상 작품을 먼저 접하기 때문에 이런 글을 쓰는 사람은 어떤 사람일까? 하고 궁금증이 생긴다. 그러한 이유로 B와 더 빨리 친해질 수 있었다. (대개 작품에서 풍기는 분위기와 일치하는 경우가 많다.) 시와 소설 외에도 동화, 방송, 출판 등의 수업을 통해 동기들은 자신에게 맞는 길을 찾아갔다. 다양한 글을 써 보고 선택할 수 있다. 막상 겪어 보니 생각한 것과 다를 수도 있고 새롭게 흥미가 생길 수도 있다. 여러 과제를 수행하다 보면 만능 엔터테이너가 된 기분은 덤으로 주어진다. 여하튼 글로 할 수 있는 거라면 뭐든 즐거웠다.

이 년간 쉼 없이 달려오면서 당시에는 너무 힘들었지만 돌아보니 추억이 됐다. 부딪히고 넘어지며 일어서는 법에 대해 배웠다. 나를 단단하게 만들어 준 교수님과 친구들에게 감사하다. 그리고 나는 여전히 문학적 소통을 이어 나가고 있음을 밝힌다. 글을 누구보다 진심으로 대하는 사람들이 모여 함께 골몰할 수 있다는 것은 행운이자 동력이다. 비교하기보다 자신이 가지고 있는 것을 찾아내고 함께 성장해 가는 기쁨을 맛보았으면 한다. 나만의 속도를 유지하며 최선을 다해 임한다면 너무 늦지 않게 결과는 도착할 것이라 믿는다. 단어가 모여 하나의 작품이 된다는 것은 매력적인 일이다. 문예창작과를 통해 수많은 세계관을 마주하며 문학은 커넥팅이라는 생각이 들었다. 시대와 시대를 잇는 역할을 하며, 그 공간과 시간 속 인물들의 사상과 가치관을 알 수 있다. 글은 하나의 목소리이자 신념이기에 책임감을 느낀다. 활자 이상의 의미라 할 수 있겠다. 이제는 나의 삶에서 문학을 놔두고는 이야기할 수 없다. 글을 통해 나는 또 다른 누군가와 연결될 것이며 나 역시 다른 이를 이해하는 것을 멈추지 않을 예정이다.

임찬주

한계 짓는 것을 싫어한다. 가능보다 불가능에 몸을 던지는 편이며, 저편에 서서 바라보는 것을 써내려 완벽하고 무모한 도전을 즐긴다.

희미함으로 분명해지는

장대성 (단국대)

　언제였더라. 그래. 초등학교 6학년 때. 조금 먼저 자라난 키로 맨 뒷자리에서 친구들의 뒷모습을 자주 바라보던 때. 여름방학 숙제로 선생님이 내주었던 일기가 쓰기 싫고, 할 말도 없어서 매일 흐림 맑음 비 비 비. 날씨만 적어 두었던 때. 쓰지 않은 일기만큼 책에서 아무 글이나 적어 내라던 선생님의 말에 가장 짧은 시를 찾아 종일 적었던 때. 내 꿈은 교실이 아니라 교실 바깥에 있었다. 중학교 내내 게임에 빠져 살 때는 그 네모난 모니터 속이 나의 현실 세상보다 넓어 보였고, 실업계 고등학교에 들어가 자동차 정비를 배우고자 할 땐 아무런 생각도 주체적으로 하지 못했다. 그저 돈을 벌고 싶고 어서 어른이 되고 싶었는데, 그 마음에는 어떤 사랑도 슬픔도 깃들어 있지 않았다. 그러다 열일곱 생일, 혼자 있는 방에서 노트를 펼쳐 시를 썼다. 아무런 맥락도 없이. 그리고 생일이 아닌 다른 많은 날, 어느새 나는 시를 쓰는 사람이 되어 있었다. 지나치는 사람에서 지나온 사람이 되었다. 이전을 기억하고 이후를 상상하며 무엇에 대해 사랑한다고 썼다가 지웠다. 그리고 지웠다는 것까지 다시 적은 뒤 노트를 덮었다. 그리고 열여덟 열아홉, 처음으로 시집과 소설책을 샀으며, 얼른 나와 저녁 먹으라는 부모님의 말도 제쳐 두고 바닥에 엎드려 책 속의 세계에 빠져들었다. 그렇게 스무 살. 꿈에 그리던 어른이 되었고

나는 첫 알바비를 탈탈 털어 중고 노트북을 샀다. 아침에는 주방에서 설거지와 요리를 하고 저녁에는 노트북으로 시를 썼다. 그렇게 몇 개월, 백 편이 넘는 글과 하나둘 주변에 생기는 쓰는 사람들. 행복했다. 우리의 언덕 너머에 광활한 초원이 있을 거라는 예감이 좋았다. 가끔 내 글에서 느껴지는 기시감이 내가 살아 있다는 방증처럼 느껴지기도 했다. 그러나 어떻게 하면 지금의 생활을 계속 유지할 수 있을지 몰라서 막막했는데, 그때 문예창작과라는 곳이 있다는 걸 알게 되었다. 그 이후에는 나의 미래가 그곳에 이미 있다는 듯이 살았다. 실기를 보는 모든 학교에 전화를 걸어 시험 응시 자격을 확인하고, 대학에 가겠다더니 공부는 안 하고 놀기만 한다는 엄마의 꾸중을 한 귀로 흘리며 여름 지나 가을. 이곳저곳 실기를 보러 다녔고, 단국대학교

문예창작과에 합격하게 되었다.

그래서 어떻게 됐지? 2018년 봄, 처음 학교에 갔을 땐 사람들이 온통 글 속의 화자처럼 느껴졌다. 모두가 글을 쓰기 위해 한곳에 모였고 아무렇지 않게 문학에 관해 이야기하는 풍경이 낯설었다. 그간 내가 가장 문학을 사랑하는 사람이라고 생각했는데, 아닐지도 모른다는 생각을 처음 했다. 우물 안 개구리. 그러나 우리의 우물은 누구의 것보다 맑고 청량했다. 심장이 뛰는 것이 나의 부족함을 들킬까 하는 두려움인지 앞으로의 생활에 대한 설렘인지 분간하지 못한 채로

시간은 빠르게 지나갔다. 시 동아리에 들어가 선배들의 시를 처음 본 날, 교수님에게 무작정 이메일로 시를 보여 드리고 싶다고 말한 날, 시 쓰는 동기들을 찾아가 함께 스터디를 만든 날. 수업 과제를 위해 멀뚱히 멸치를 바라보거나 공모전을 위해 도서관에서 시를 쓰던 날. 나는 생활이 깃든 글을 써야지 글이 생활을 잡아먹으면 안 된다는 것을 알았다. 휴학과 복학, 처음으로 상을 받게 된 날, 곁에 있는 사람의 외형은 조금씩 변해 가도 우리가 가진 마음은 공통되고 분명하다는 것이 신기했다. 문학과 사람을 위하고 사람 아닌 것들을 오래 바라보며 감응하고자 하는 노력. 나는 그것이 우리에게서 닫히는 게 아니라 더 넓

은 곳까지 퍼져 나갔으면 했다. 사람들이 세상의 아름다움과 잎맥의 정갈함과 슬픈 일에 함께 슬퍼하는 결이라는 다정함의 위로를 느낄 수 있었으면 했다. 교수님은 수업 중에 시는 가장 아름다운 거짓말이라고 했다. 졸업한 후에도 그 말을 잊지 못해서 종종 떠올리다가, 혼자 "시는 가장 거짓스러운 아름다움"이라고 바꿔 보기도 했다.

살아가다 보면 스스로 믿지 못할 만큼 아름다운 풍경을 보거나 사랑하는 사람을 만나거나 예상치 못한 아픔과 이별을 겪는 일이 많아지는 것 같다. 내 경우에는 십이 년 전 키우던 개가 죽었고, 이제는 얼굴조차 흐릿한 사람과 겪은 이별에 한 달 내내 방에 박혀 울었고, 평생 잊지 못할 것 같다는 말이 무색하게 잊은 영화의 장면이 수두룩하다. 그리고 알게 된 것은, 사람은 누구나 기억하고 잊는다는 것. 영원한 순간은 없고 우리는 그저 순간에 순간을 덧대어 살아간다는 것 그리고 우리가 살아 있는 동안, 어쩌면 한 번 쓰인 기록은 영원할 수도 있다는 것이다. 나의 순간과 나와 함께하는 사람들의 순간을 기록하는 것을 오늘은 아름다움이라 적는다.

졸업을 하고 어느새 반년이라는 시간이 지났다. 그간 나는 운 좋게 문예지와 신춘문예에 시와 소설이 당선되어 글 쓰는 일을 계속해서 이어 갈 수 있게 되었고, 대학교에서 만난 문우들과 여전히 교류하며 서로의 고충을 나눈다. 대학을 다니며 함께 쓴 글을 어딘가에 발표할 수 있는 행운도 아주 가끔 누리고 있다. 무엇보다 좋은 것은 글을 쓰고 문예창작과에 들어간 후로 세상을 살아가는 내가 조금은 입체적으로 바뀌지 않았나 하는 점이다. 작금에 나 스스로를 되돌아보고 나의 무엇이 나를 살게 하는지 톺아보는 작업을 하는 일은 쉽지 않다. 나를 바라보는 시간보다 타인을 바라보는 시간이 길기 때문에, 아픔과 슬픔을 정면으로 마주하기란 누구나 싫은 일일 것이기 때문에, 그 밖에도 많은 이유로 우리는 스스로를 알려고 하지 않는다. 그래서 나는 글 쓰는 내가 좋았다. 영화의 어떤 장면에서 내가 슬퍼하는지, 사과는 몇 조각쯤 먹을 때 물리는지, 사랑하는 사람들의 얼굴을 떠올리는 일이 얼마나 즐거운 것인지 알기 때문이다.

처음에는 멀어서 흐릿하고, 흐릿해서 멀다고 느낀 것들이 어느새 눈앞에 있는 듯 분명하게 보이는 때가 있다. 그런 날에 한 번은 생각해 본다. 우리의 마음과 글이 결을 만들어 나아갈 힘을 주었다고. 보이지 않는 품을 만들어 지친 날 쉬게 해 주었다고. 그러니 당신도 당신을 믿고 계속 쓰는 사람으로 나아갔으면 좋겠다고.

장대성

2024년 계간 《파란》 신인상(시 부문)과 《무등일보》 신춘문예(단편소
설 부문)에 당선되어 작품 활동을 시작했다.

좋은 소설을 쓴다는 것

조민아(숭실대)

학창 시절 글쓰기에 대한 나의 마음은 양가적이었다. 쓰고 싶다는 마음이 한없이 부풀어 올랐다가도, 나는 할 수 없으리라는 생각에 쉽게 열의를 잃었다. 이제 와서 그 마음을 돌이켜 보니 글은 타고난 사람들이나 쓰는 거라는 편견 섞인 지레짐작 때문에 창작에 대한 호기심과 애정을 억누르고 외면해 왔던 것 같다. 막상 진득하게 해 보지도 않고 말이다.

어릴 적부터 책을 좋아했던 나는 읽는 건 자신 있었다. 하지만 쓰는 건 일기를 부지런히 쓰는 것 정도가 다였다. 그런 내가 처음으로 창작을 시도한 건 고등학생 때였다. 우연한 기회로 교내 시조 동아리와 대구시 교육청 주관의 문예 창작 프로그램에 참여할 수 있었다. 그곳에서 다양한 글을 쓰는 시간은 즐거웠다. 하지만 무엇인가를 쓰고 싶다는 강한 열정만을 앞세워 무럭

대고 써내기만 했기 때문일까. 내 글은 혹평을 받기 일쑤였고, 생초보 습작생이었던 나는 쉽게 좌절했다. 나는 내가 글을 잘 못 쓰는 사람이라고 단정 지었고, 대신 지금까지 그래 왔듯 계속해서 성실한 독자의 자리에 머무르기로 다짐하였다.

그러다 수험생이 되었고, 당시 목표하던 학과로 써낸 수시 모집에 모두 탈락했다. 게다가 수능 성적까지 평소 받던 모의고 사 점수에 비해 훨씬 낮게 나왔다. 좌절의 끝에서 떠오른 것은 또 한 번의 기회인 정시 모집에서만큼은 내가 정말 좋아하는 것이 무엇인지 좀 더 고민한 후 원서를 내야겠다는 생각이었다. 끈질기게 들여다본 후에야 마음 한편에 자리 잡고 있던 창작의 욕구를 비로소 마주할 수 있었다. 문예창작과 정시 실기 전형일이 한 달도 채 남지 않은 무렵이었지만, 이미 마음을 알아차려 버린 이상 가만히 있을 수 없었다. 12월 26일 이른 아침, 나는 당시 수도권에만 있던 문예 창작 입시 학원을 등록하러 혼자 서울로 향했다.

시간이 워낙 부족했던 탓에 나는 곧장 손에 잡히는 대로 소설을 읽고 썼다. 한 문장씩 써 내려갈수록 나의 부족함이 더욱 선명하게 드러나서 자꾸만 불안해졌다. 그럴수록 머리를 비우려고 노력했지만, 쉽지 않았다. 안 그래도 평소 생각이 매우 많은 편이었는데, 간절하기까지 하니 더더욱 그랬다. 그래도 호흡을 가다듬고 마음을 다잡았다. 생각이 많아지면 부정적인 감정도 함께 밀려온다는 걸 알았으니까. 그러다가 학창 시절 때처럼 다시 한번 창작 욕구를 꺾어 버려 중간에 포기하게 될까 봐 무서웠다. 그래서 매일 쓰고자 했던 목표치를 성실히 해내는 데에만 에너지를 전부 쏟아냈다.

삼 주 남짓한 시간은 내 예상보다 더욱 빠르게 흘러갔다. 정신을 차려 보니 결과 발표를 앞두고 있었다. 나는 총 네 곳의 학교에 지원했고, 그중에서 가장 가고 싶었던 숭실대학교를 포함해 두 곳의 학교에 합격했다. 원하는 곳에 진학한다는 기쁨과 설렘을 만끽하고 나자, 문득 나는 아리송함을 느꼈다. 어떤 학교는 나름대로 잘 쓴 것 같은데 예비도 받지 못한 채 탈락이었고, 어떤 학교는 정말 못 썼다 싶었는데 합격이라는 점 때문이었다. '어떻게 이 글이 합격했을까?'와 '왜 다른 글들은 불합격했을까?' 하는 의문이 뒤섞인 아리송함이었다. 그건 곧 어떤 글이 '잘 쓴 글'일까, 라는 고민으로 나아갔다.

입시 기간이 짧았던 탓일까. 입학하고 나니 수업을 따라가기가 어려워서 신입생 시절에 애를 많이 먹었다. 발표나 합평 등을 통해 수업에 활발하게 참여해야만 하는 분위기가 굉장히 낯설었다. 첫 학기 내내 나는 수업 도중 한마디도 하지 못했다. 준비가 되지 않은 채 입학했다는 부끄러움이 밀려와서 자꾸만 움

츠러들었다. 잘하고 싶었지만 그러지 못하는 자신이 싫었다. 때문에 강의식 수업을 최대한 찾아 듣거나 복수 전공을 하기 위해 타 학과의 수업을 듣기도 했다. 또다시 좌절한 것이었다. 물론 그러는 와중에도 마음속에서는 소설을 쓰고 싶다는 욕망이 어딘가에 잠자코 자리 잡고 있다는 것이 느껴졌다. 하지만 나는 애써 외면하며 기성 작가의 소설을 닥치는 대로 읽어내는 것으로 대신할 뿐이었다.

그러던 중 내 삶을 완전히 바꾸는 우연한 순간이 있었다. 2학년 2학기 때는 한 편의 완성된 단편소설을 제출해야 하는 창작 수업을 들어야만 했다. 나는 처음이자 마지막으로 완결된 소설을 쓰리라는, 자포자기의 마음으로 수업을 들었다. 종강을 앞둔 어느 날, 교수님께서는 "좋은 소설을 쓰는 것과 소설을 잘 쓰는 것은 다르다"고 말씀하셨다. 그 말을 듣는 순간 내가 오랫동안 소설이 무엇인가에 대한 고민을 일절 하지 않았다는 걸 깨달았다. 여전히 잘 쓰려는 마음만 앞세워 왔구나, 싶었다.

이후 남은 학부 기간을 보내면서 읽고 쓰기를 더욱 부지런히 하는 방법을 통해 본격적으로 소설에 대해 고민하고 탐구하기 시작했다. 누군가는 대학에 오기 전 이미 끝냈을지도 모르는 작업을 고학년이 되어서야 한다는 사실이 부끄러웠다. 또한 너무 늦게 시작한 것은 아닌지, 너무 오래 방황한 것은 아닌지 후회하기도 했다. 그러나 입시 때의 성취를 되새기며 머리를 비우고 마음을 다잡았다. 나는 교내외의 창작 수업을 모조리 찾아 들었고, 마음 맞는 학우들과 소모임을 만들어 활동해 보기도 했다. 그러다 보니 자연스럽게 내가 생각하는 좋은 소설이 무엇인지 조금이나마 알 것 같기도 했다. 그 과정은 결국 좋은 소설을 쓰고 싶다는 목표로 이어지게 되었다.

2024년 올해 나는 동 대학원의 석사 과정에 진학하였다. 입시부터 학부 시절, 그리고 약간의 졸업 유예 기간을 거쳐 대학원에 이르기까지 나는 많은 부분이 변했다. 글에 임하는 태도, 사고방식, 화법, 생활 습관 등. 그런가 하면 바뀌지 않은 것도 있다. 여전히 양가적인 감정을 가지고 있다는 것. 글을 쓰는 것은 정말 좋으면서도, 어렵다. 습작을 할 때면 하루에도 수십 번씩 두 가지 마음을 오간다. 가령 글을 쓸 때야말로 가장 행복하다고 자부하면서도, 글이 안 써질 때면 이미 내가 쓰고자 하는 부류의 글은 이미 세상에 많은데 뭣 하러 글을 써야 할까 하는 절망에 빠져들기도 한다.

하지만 좋은 소설을 쓰겠다는 나의 목표를 떠올리면, 쓰기를 멈출 수 없다. 좋은 소설을 쓰겠다는 말이 너무 막연하게 들릴지도 모르겠다. 하지만 분명한 점은 목표를 세운 순간부터는 어떤 힘이 생긴다는 것이다. 더 이상 외면하지 않게끔 해 주는 힘. 그러니까, 포기하고 싶다는 생각이 불쑥 찾아오더라도 가장 애

쓰고 좋아하는 일이니 조금 더 해 보자고 스스로를 북돋아 줄 수 있는 힘. 문예창작과에 가야겠다고 마음먹은 후로 나는 정해진 기간도 시기도 문학엔 없다는 것을 몸소 경험했다. 그러니 이제 나는 한 편의 소설을 완성할 때마다 이건 좋은 소설이 맞는지 차분한 마음으로 천천히 되짚어 본다. 기분 좋은 아리송함을 떠올리면서.

조민아

어린 시절 만든 네이버 아이디 macho0401로 수십 년째 고통받는 중. 하지만 막상 바꾸려니 생각이 나지 않아 또다시 고통. 좋은 아이디어 있으신 분은 이메일로 보내 주시면 감사하겠습니다.(참고로 마초는 이름 Min-Ah Cho의 줄임말일 뿐이다.)

지도교수

해이수 _단국대

김태용 _숭실대

김덕희 _한양여대

문예창작인을 위한 기도
— 해이수의 3精5行

해이수

1. 모든 훌륭한 사람들의 뒤에는 반드시 기도하는 사람이 있다

소설 창작을 모교에서 가르치게 된 이후 내가 처음 한 결심은 '기도하는 사람이 되는 것'이었다. 예술대 건물로 걸어 올라가는 도중이나 강의실에 들어가기 전 잠깐 눈을 감고 기도하는 것이 이제는 습관이 되었다. 나를 위한 기도는 아니고 수업을 듣는 수강생을 위해 기도하는 것이다. 참고로 나는 독실한 크리스천은 아니다. 신실한 불교 신자 혹은 이슬람교도도 아니지만 자주 기도를 한다.

'모든 훌륭한 사람들의 뒤에는 반드시 기도하는 사람이 있다'는 얘기를 듣고는 손바닥으로 내 이마를 아프게 후려친 적이 있다. 눈물이 핑, 돌고 신음이 흘러나왔다. 나는 훌륭한 사람과는 꽤나 거리가 먼 부류이지만, 불현듯 우리 할머니 서금례 여사를 떠올렸다. 할머니는 평생 새벽 기도를 하신 분인데, 아주 낮게 소리를 내는 습관이 있어서 귀를 기울이면 어떤 내용인지 전부 알 수 있었다.

할머니는 주로 당신의 세 아들과 세 며느리와 그 사이에서 출생한 아홉 명의 손주들을 한 명씩 호명하며 그들이 최근 겪는 문제와 해결 방안을 신神께 간구하는 방식으로 기도했다. 요즘 말로 신 앞에서 '데일리 브리핑'을 하는 셈인데, 가만히 듣고 있으면 눈 감고 누워서 대략 열다섯 명의 정보 업데이트가 가능했다. 이를테면, 사업 위기를 맞이한 큰아버지나 직장 승진에서 미끄러진 작은아버지의 사정을 설명하고 신의 은혜를 읍소하거나 중고생인 누나 형들의 시험과 장래를 위해서 간절히 빌었다. 친족들의 생일과 기일, 전화번호 오십 개쯤은 쉽게 암기하는 할머니는 사촌 형의 너절한 비행非行과 우리 형의 밑바닥 수학 점수까지 낱낱이 신께 고해바쳤다.

특이하게도 할머니는 매번 초등학교 저학년인 내 이름을 부르고는 잠시 말을 멈추거나 더듬는 경향이 있었다. 아마도 내가 듣고 있다는 것을 눈치채거나 딱히 할 말이 없었던 것 같다. 그렇게 머뭇거리고 더듬대다가 간신히 이어지는 기도는 내가 커서 '훌륭한 선생님'이 되게 해 달라는 내용이었다. 그러면 나는 이부자리에서 벌떡 일어나서 두 손을 모은 할머니를 향해 이렇게 말했다.

"참, 서금례 여사님, 몇 번을 말해요. 저는 선생님 안 된다니까요."

이런 기도와 실랑이는 방학이나 명절 등 할머니와 함께 밤을 보내던 고등학교 때까지 이어졌다. 할머니는 아흔둘까지 사셨으니 아마도 내가 대학을 졸업하고 유학을 가고 소설가로 동분서주할 때도 매일 새벽 단정한 자세로 같은 기도를 하셨을 것이다. 나의 잡다한 성패와 소소한 흥망을 낱낱이 그분께 보고하고 말미에는 '훌륭한 선생님'이 되게 해 달라는 기원으로 마침표를 찍었을 것이다.

'모든 훌륭한 사람들의 뒤에는 반드시 기도하는 사람이 있다'는 말을 듣자 나는 이마를 후려치고는… 그 통증 속에서 잊고 지내던 할머니의 기도하던 음성과 달싹이던 주름진 입술이 떠올라서 눈물을 뚝, 뚝, 흘렸는데… 신음인지 탄식인지 모를 것을 내뱉다가 결국 나도 누군가를 위해서 무릎을 꿇어야겠다고 다짐하게 되었다. 훌륭한 작가가 나의 수업에서 나오기를 기도할 수밖에 없으므로 강의실에서 내가 하는 모든 말도 기도의 연장선에 해당한다. 이 자리에서 나는 소설 창작생을 위한 기도문을 간결히 밝히려 한다. 굳이 명명하자면, 소설 창작에 도움이 되는 세 가지의 정신과 다섯 가지의 행동인 '3精5行' 정도가 될 것이다.

2. 소설 습작생을 위한 세 가지 정신(FIT)

   소설 습작생을 위한 세 가지 정신 중에 제일 먼저 제시하고
싶은 것은 '몰입(Flow)'이다. 사실 우리는 늘 모자란 시간을 살
아간다. 뭔가를 하지 않으면 남아도는 게 시간이지만, 뭔가를
하면 반드시 모자란 게 또 시간이다. 이 모자란 시간 속에서 "몰
입沒入은 순간을 영원으로 만드는 마술"과 같다. 소설 집필을 위
해 며칠을 통째로 비워 두기란 현실적으로 쉽지 않다. 짧게 이
삼십 분 정도 여러 번 스토리에 자주 몰입하는 습관을 들이기를
제안한다.

   두 번째는 '방식의 새로움(Innovation)'을 찾아야 한다. 창작
생이 다른 이들과 같은 책만 읽고 같은 생각을 하고 같은 말을
하는 것을 보면 안타깝기 그지없다. 예이츠(W.B.Yeats)가 지적
한 대로 "'무엇을 말하고 있는가'는 결국 '어떻게 말하고 있는
가!'로 귀결된다." 다시 말해서, 익숙함을 내려놓고 새로움을 장
착할수록 글은 돋보인다. 다른 이들과 차별되고 새로울수록 자
신의 목적지에 빨리 도착할 것이다.

   마지막으로, '문턱을 넘기 위한 절대량(Threshold value)'을
충족'시켜야 한다. 읽기와 쓰기에 충분한 지불 없이는 문턱을 넘
을 수가 없다. 이 부분을 학생들에게 이해시키기가 가장 어렵다.
자기는 나름 열심히 한다고 생각하기 때문인데, 자기 생각보다

훨씬 압도적인 문턱 값을 지불해야 한다. 거친 예를 들면, 습작 초기에는 93점짜리 단편 세 편보다 80점짜리 단편 열 편 습작이 더 세다! 양(量, Quantity)이 확보되지 않고는 질(質, Quality)이 담보될 수 없기 때문이다. 물이 백 도에서 끓어서 기체가 되듯, 문턱을 넘으면 전과는 다른 형질이 된다. 따라서 다른 세상에서 살게 된다.

3. 소설 습작생을 위한 다섯 가지 행동(5P)

이제부터는 소설 습작생을 위한 구체적인 다섯 가지 행동(5P) 지침에 대해 말하겠다. 첫째, 플랜(Plan)을 세운다. 전술과 전략 없이 전쟁과 게임에서 승리한다는 건 불가능하다. 플랜을 짜는 동안 우리는 부지불식간에 미래의 그 작업에 대해 예측하게 되고 준비하게 된다. 예측과 준비 과정에서 우리의 정신과 육체가 그 일을 잘 수행하기 위해 정비되고 세팅된다. 작품의 줄거리, 인물, 장면 구성, 완성 시간 등을 계획하고 이행하는 습관을 들여야 한다. 무엇보다 계획에 도취되면 놀랍게도 우리 안의 위대한 잠재력이 발휘된다.

둘째, 지속적 수련(Practice)의 중요성을 절감한다. 이 지점에 대해 바슐라르(G. Bachelard)는 '하늘로 올라가기 위해 날개를 퍼덕이는 게 아니라, 날개를 퍼덕이기 때문에 하늘로 올라가는 것이다.'라는 시적인 문장을 남겼다. 날개를 퍼덕이면 자연스레 몸이 뜨는 것처럼 지속적으로 수련하면, 원하는 나머지는 저절로 따라오게 되어 있다. 안정효 소설가는 이 부분을 "날조꾸 하라!"고 간략히 표현했는데, '날마다, 조금씩, 꾸준히' 쓰면 만사형통하다는 뜻이다.

셋째, 플롯(Plot)의 운동 개념을 적극 이해한다. 원인과 결과는 손을 맞잡고 있다. 플롯과 갈등이 소설의 코어임에도 이에 대한 이해가 부족하여 그저 그런 긴 산문을 쓰는 안타까운 경우를 자주 접한다. 사람들은 끔찍한 결과보다 "도대체 왜, 뭐 때문에 저런 일이 벌어졌지?"를 더욱 궁금히 여긴다. 플롯의 개념 없이 소설을 쓰면 '문장도 상당히 멋지고 장면도 끝내주고 엔딩도 죽여주는데, 뭐가 되기엔 뭔가 이상한 글'이 되기 십상이다.

넷째, 문단(Paragraph)을 효과적으로 직조한다. 소설 창작에서 문장의 중요성은 잘 알면서 문단의 직조 개념에는 캄캄한 학생이 의외로 많다. 주지하듯, 소설은 문단이 모여서 서론—본론—결론, 기—승—전—결, 발단—전개—위기—절정—결말 등의 다양한 전체 구조를 이룬다. 건축물로 비유컨대, 블록(문장)으로 쌓은 벽에 해당하는 문단을 어떤 방식으로 디자인할 것인지 묻지 않을 수 없다. 한 문단을 만들 때 '어떤 문장으로 시작해서, 어떤 사례를 들고, 어떤 문장으로 맺을지……' 시스템적인 고민이 필요하다. 어찌 보면, 소설은 확장된 한 문단이고 증폭된 시 한 편이다.

다섯째, 프린터(Printer)를 마련한다. 마지막으로 이 얘기를 하면 학생들은 거의 웃음을 터뜨린다. 프린트 기계가 뭐가 그리 대단하다고 행동 지침의 마지막이 되느냐는 것이다. 소설가가 되기 위해 가장 필요하고, 가장 저렴한 반면 가장 높은 효용을 가진 제품을 꼽으라면 당연히 프린터를 꼽겠다. 삼만 원대 흑백 레이저 프린터 한 대면 충분하다. 나의 경우는 프린트를 해서 여러 번 작품을 퇴고하는데 모니터로는 볼 수 없는 많은 것을 보게 된다. 그리고 프린터를 갖고 있다는 건, 의식적 무의식적으로 내 안의 것을 언제든 밖으로 출력 가능하다는 믿음을 준다. 최소한 이것을 가지고 있으면 사용하고 싶지 않을까.

해이수

소설가. 현재 단국대학교 문예창작과에 재직 중이다.

우리가 쓰는 모든 것이 문학이 될 수 있다면

김태용

나는 지금 글을 쓰고 있다. 컵 안의 물이 말라 가고 있고, 차고 단 수박을 한 입 깨물고 싶다. 어느 여름, 수박을 한가득 잘라 먹다가 원고지를 붉게 물들이는 작가 이야기를 읽은 적이 있다. 여름 글쓰기. 겨울 글쓰기[1]에 대한 여름 글쓰기. 누군가도 지금 나와 비슷한 글을 쓰고 있을 것이다.

세 개의 학교, 문예창작전공, 24학년도 신입생과 졸업생, 그리고 지도교수 들. 우리는 나이와 성별만 다를 뿐, 같은 원고 마감을 앞두고 있다. 누군가 나와 비슷한 조바심으로 언어를 고르고 있을 거라는 생각을 하면 덜 외롭고, 조금은 무책임해도 좋고, 작은 용기가 생긴다. 그렇다. 우리는 지금 글을 쓰고 있다.

글을 읽고 쓰고, 배운다는 것을 문학이라는 이름의 공동체라

---

[1] 문예창작 실기 입시는 겨울 정시와 가을 수시에 진행된다. 숭실대는 겨울 정시만 있다. 이 점을 감안해 '겨울 글쓰기'라 이름 붙였다.

부를 수 있다면 우리는 문학 공동체 주변을 어슬렁거리는 언어의 아이들이다. 이 공동체를 유지하는 것은 흰 전자 지면에 무언가를 쓰고 지우고 다시 쓰는 행위이다. 이 무용하고 반복적인 행위가 우리를 다른 세계로 데려간다. 다른 세계의 밤이 열린다. 밤이 우리를 지켜 주고 있다. 지금은 일상의 낮이지만, 글이 시작되면 밤이 된다.

우리의 밤은 우리가 쓰는 모든 것이다. 이 문장은 뭔가 이상하다. 그렇다고 이렇게 고치는 게 맞을까? 우리가 쓰는 모든 것은 우리의 밤이다. 누가 뭐래도 나는 밤의 아이답게 고집을 피우며 다시 쓰겠다. 우리의 밤은 우리가 쓰는 모든 것이다. 최근에 읽은 리디아 데이비스의 『형식과 영향력』 문장이 자연스럽게 떠오른다. '발견한 재료를 사용하거나 전유하는 일, 복잡하고 단순한 문장 구조, 글에서의 간결함, 그리고 어색한 산문의 아름다움.' 눈으로 몇 번이고 밑줄을 긋고 싶게 만드는 문장이다. 이런 문장의 도움으로 나는 글을 계속 쓸 수 있다.

우리가 쓰는 모든 것이 문학이 될 수 있다면. 우리는 어떤 가능성을 갖고 글쓰기의 모험을 감행해야 한다. 기꺼이 우리는 모험의 시작점에 와 있다.

실기 입시 역시 글쓰기의 모험이 될 수 있을까. 실기 문제도 창작이라고 할 수 있을까. 십오 년 가까이 실기 문제를 출제하면서 후일담을 많이 들었다. 학생들과 실기 문제에 대한 이야기를 나누며 원망, 놀람, 안도, 웃음을 나누기도 했다. 인터넷에 검색하면 지난 실기 문제들을 어렵지 않게 확인할 수 있다. 이 글을 쓰기 전 나 역시도 실기 문제를 검색했고, 몇 개의 문제 앞에서 먼 과거를 들여다보게 되었다. 아래는 내가 출제한 문제들 중 일부다.

■ 회전문 ─ '음악은 보름달이 뜬 정원이다.'의 이미지를 차용해서 3인칭 관찰자 시점으로 쓰시오.

■ 욕조 ─ 욕조가 있는 방을 배경으로 등장인물 세 명으로 해서 이야기를 만드시오.

■ 2층에서 내려다본 거리 ─ '두 눈에 조개껍질을 박은 사람이 오래된 철교를 부수는 소리.' 위 문장을 이미지화시켜 3인칭 관찰자 시점으로 쓰시오.

너무 제약이 많은가? 상상력은 생각의 무한한 자유에서 오는 것이 아니라 어떤 제약 속에서 발휘되는 경우가 많다. 이제 막 글쓰기의 모험을 시작한 예비 작가들을 선발하는 기준은, 참신한 상상력을 어떻게 문학 언어의 세계로 끌어모으는가에 있다. 언어적 상상력의 뿌리는 우리가 읽은 책에서 온다. 문학의 (무)질서를 만드는 능력 역시 풍부한 독서가 바탕이 된다. 위의 문제들은 모두 책과 관련이 있다. 십 년이 넘은 문제들이니 이제는 말할 수 있다.

'회전문'의 인용 글은 페데리코 가르시아 로르카의 산문 『인상과 풍경』에서, '욕조'는 이승우의 소설 『욕조가 놓인 방』에서, 악명이 높은 문제였던 '2층에서 내려다본 거리'의 구절은 박상순의 시 「내가 본 마지막 겨울」에서 가져왔다.

물론 위의 책들을 맞히는 것이 문제의 핵심은 아니다. 이 책들을 모른다고 해도 좋은 글을 얼마든지 쓸 수 있고, 채점을 하며 감탄했던 글들도 적지 않았다. 우리가 쓰는 모든 것은 우리가 읽었던 모든 것과 연결되어 있다. 우리가 읽었던 문장들로 어떻게 언어적 변형을 만들어내면서 자신이 원하는 글쓰기에 가까워질 수 있을까. 우리의 책상 위에는 언제나 책이 놓여 있다. 그 책을 읽고, 다시 읽고, 잊어버리고, 다시 찾아 읽는 것. 그리고 한 작가의 모든 책을 읽어 보려는 시도 속에서 우리의 글이 웅성거리게 될 것이다.

독자보다 작가가 많아지는 시대. 작가가 되기 전 우리는 먼저 독자가 되어야 한다. 우리가 쓰는 모든 것이 문학이 될 수 있다면. 그 문학은 수많은 책의 문장들, 기억과 망각의 문장들로 가득한, 언어의 우주일 것이다. 누군가 이제 막 책 속의 문장을 곱씹으며 언어의 우주에 첫 문장을 쓴다. 그 누군가의 밤이 열린다. 밤은 누군가의 언어들로 풍부해지고 노래하게 된다. 오래지 않아 나는 그의 밤을 읽는 독자가 될 것이다. 찬바람이 불고,

입시철이 다가오면, 예비 작가들의 손끝이 날카로워진다. 그들의 손끝에 영리하고 다채로운 언어의 빛이 닿기를. 어떤 흥분과 기대감 속에서 오랫동안 책상에 있는 에드몽 자베스의 『예상 밖의 전복의 서』를 다시 펼친다. '쓰기란, 이러한 침묵에서 시작하여, 영원의 책을, 우리의 변신이 담긴 필멸의 책으로 틈입시키는 일이다.'

김태용

소설가. 서울예술대학교 문예학부를 거쳐 현재 숭실대학교 예술창작학부 문예창작전공에 재직 중이다.

전하지 못했던 심사평

김덕희

소설가랍시고 이런저런 문예 공모전이나 대회의 심사에 참여하고 있다. 늘 어색하고 조심스러운 일인데 심사평까지 써야 할 때면 왜 나왔을까 후회할 만큼 괴롭다. '조금 먼저 시작했다'뿐인 자격으로 누구의 작품을 두고 이러쿵저러쿵 글을 적는 건 아무래도 민망할 수밖에 없다. 어디가 어떻게 좋아서 뽑았으며 다른 작품은 왜 뽑을 수 없었는지에 대해 졸필로 적어 나가다 보면 큰 잘못을 저지른 뒤에 경위서를 작성하고 있는 기분마저 든다. 그래서 나는 실제로 어떤 심사평에서 이렇게 쓴 적도 있다.

(이 작품이 발표되면) 독자의 날카로운 질문과 평가가 돌아올 수 있다. 선정한 죄로 그것을 작가와 함께 짊어지기로 한다.

이런 지경이니 앞으로의 활동에 대한 덕담과 당부를 버무려 간신히 글을 맺고 나면 진이 빠진다. 핑계를 대고 안 나갈 수 있다면 좋겠지만 그러기도 쉽지 않다. 심사도 문학 활동에서 빼놓을 수 없는 한 부분이고, 심사 의뢰라는 것은 작가로 사는 한 우리 문학의 발전을 위해 (작품 활동과 더불어) 할 수 있는 모든 것으로 최선을 다해 기여하라는 암묵적인 명령이란 생각이 들어서다.

최근 몇 년을 생각해 보니 일 년에 예닐곱 개의 심사를 보는 것 같다. 그중에서 가장 어려운 심사는 문예창작과 입시 실기 채점이다. 이건 진을 빠지게 만드는 심사평을 따로 쓸 필요가 없는데도 그렇다. 이유는 간단하다. 응시자들이 자기 인생이 여기에 크게 걸려 있다고 생각한다는 걸 내가 염두에 두기 때문이다. 안타까운 일이고 절대 그렇지 않다고 말해 주고 싶지만 몇 마디 말이나 몇 줄의 글로 입시생이 겪는 중압감을 덜어 주는 건 불가능하다. 그러나 심사(채점)자의 마음을 조금 열어 보인다면 도움이 되지 않을까 해서 평소 전하고 싶던 한 가지 이야기를 두서없이 적어 보기로 한다. 지금까지 한 번도 쓸 필요 없었던, 그래서 전하지 못했던 심사평이 될 것 같다.

입시 실기 고사장의 풍경은 대개 비슷하다. 관계자들이 고사장에 응시생들을 모아 놓고 출입문을 통제한 상태에서 원고지와 연습장을 나눠 준다. 잠시 뒤 글감(시제, 주제)이 발표되고 응시생들은 그때부터 치열하게 고민하기 시작한다. 여기서 매우 기이한 일이 펼쳐진다. 상당수의 학생이 시계가 돌아가기 시작하자마자 연습장에 무언가를 맹렬히 적어대는 것이다. 이는 실기 고사 전략 중 하나로, 그간 공들여 다듬은 작품 몇 개를 외우고 있다가 제시된 글감에 맞추어 고치려는 것이다. 그러려면 외워 온 자기 글(응시생들은 이걸 복기작, 준비작이라고 한다)을 얼른 눈에 보이는 곳에 적어 놔야 글감에 맞추어 구상하는 다음 단계를 진행할 수 있다. 이런 방식은 어제오늘의 일이 아니며, 내가 학부생이던 이십여 년 전에도 흔했다. 글감이 '괴질'이었는데 사랑을 괴질이라고 표현한 응시생의 이야기를 들은 적이 있다. 나는 그 전복적인 발상에 놀랐으나 이야기를 함께 들은 어느 선배가 말하길, 그 학생은 아마 어떤 글감이 제시되었더라도 사랑에 대해 썼을 거라고 했다.

예술고등학교에서 시를 가르친 적 있는 이에게 물어본 적 있다. 정말 그런 식으로 달달 외우게 준비시키는지 궁금해서였다. 적어도 본인을 포함해 자기가 알고 있는 문인들은 고교 수업에서 그렇게 하지 않는다 했다. 듣고 나서 생각해 보니 내가 질문을 잘못했다. 세상에 어떤 문인이 문학을 그런 방식으로 가르칠까. 어쩌면, 자기의 좋은 표현이나 문장을 다른 작품에서도 쓸 수 있도록 맥락을 만들어 가는 것도 문학적 수련 과정인데 나는 그것을 함부로 말해서 '달달 외우는' 방식이라 한 것일 수 있다.

그럼에도 나는 여전히 채점장에서 종종 고개를 갸웃거린다. 제시된 글감과는 무관한 글인데 꽤 잘 써서, 또는 제시된 글감으로 쓴 듯하지만 억지로 끼워 맞춘 흔적이 보이는데 나머지 문장이나 전개는 안정적이거나 빛나서 고민하는 것이다. 이것이 과연 문학을 하는 자세인가 싶어 냉정해지다가도 열정 있는 학생이 이렇게라도 문학에 발을 들이는 건 의미가 있지 않나 하고 또 관대해진다.

나는 다시 질문해 본다. 이 친구는 이렇게 준비하는 동안 문학이 재밌었을까? 한 판 승부에서 이기기 위해 무기를 벼리듯 전략을 마련하고, 그 전략이 적중할지 비껴 나갈지 초조하게 점쳐 보면서 걸어왔을 텐데 과연 문학이 즐거웠을까? 백지 위에 새 글을 쓴다면 이만큼 좋은 표현들이 잘 안 나와 줄 텐데, 그 슬럼프가 힘들고 혼란스러워서 주저앉아 버리지는 않을까? 이런 질문에 대해 자답하다 보면 아무래도 걱정이 앞설 수밖에 없다.

어느 해 모 대학 실기 고사 산문 부문의 글감에 대한 응시생의 후기가 기억난다. 마치 지옥에서 배달된 것인 양 난해하더라는 것이었다. 나는 그때 채점위원에 위촉되었기에 왜 그런 식으로 후기가 올라오는지 십분 이해했다. 그리고 이렇게 말하면 야속하다 하겠지만, 나는 그런 방식의 출제를 따라 해 봐도 좋겠다는 생각을 했다. 왜냐하면 자기 이야기를 풀어낼 줄 아는 응시생과 그러지 못하는 응시생의 차이가 아주 확연하게 드러났기 때문이다. 대체 어떤 글감이었으며 제출작들의 어떤 점들이 그러했는지 여기서 구체적으로 쓰는 건 적절하지 않다. 자칫하면 잘못된 기준을 제시하는 꼴이 될 수 있기 때문이다. 그러나 이것만은 분명히 말해 둘 수 있다. 문예창작과의 실기 고사 출제자들은 외워 온 자기 작품을 제시된 글감에 끼워 맞추는 입시 전략이 통하지 않는 글감을 고안하기 위해 계속 노력하고 있으며, 문학을 대학 입시의 도구로만 여기는 태도는 깊이 걱정하고 있다.

문예창작과에 입학한 신입생들은 제시어나 제시문에 맞추어 쓰던 방식에서 벗어나 쓰고 싶은 것을 마음껏 써 볼 수 있어서 좋다는 얘기를 많이 한다. 다양한 주제와 방식으로 써 보는 건 학생 때의 임무이자 특전이다. 임무보다는 특전이라 생각하고 쌓아 나가다 보면 자기만의 개성이 형성되기 마련이다. 그러니 대학 진학을 목표로 문학을 '공부'할 게 아니라 자기 예술의 토양을 만든다는 생각으로 지금을 즐기기 바란다. 글쓰기의 이모저모를 배우는 동시에 타인의 삶을 애정 어린 눈으로 살피면 좋겠다. 무릇 오래 빛나는 예술들은 어문과 자연과 역사와 철학 등에서 출발했다는 것도 알았으면 좋겠다. 학교의 교육 과정들을 가볍게 생각하지 말아야 한다는 얘기다. 그런 뒤, 어떤 난감

한 글감이 주어지더라도 백지 위에서 펜을 휘두르며 신나게 놀 수 있게 되길 바란다. 나는 그런 이에게 줄 선물을 준비하듯 강의안을 마련해 놓고 기다리겠다.

김덕희

소설가. 현재 한양여자대학교 문예창작과에 재직 중이다.

그럼에도 쓰는 마음

"썼습니다, 씁니다, 쓸 것입니다"를
외치는 우리는 문창인!

나도 노력하지 않았던 게 아닌데. 매번 진심이었고 최선을 다했는데. 나조차도 나를 혼자 두게 했다는 생각이 난생처음 들었다. 그게 너무 미안했다. _ 김나현(숭실대)

문학을 배우기 전에는 종이 안에 '사랑해'만 가득 적었다. 하지만 이제는 사랑이라는 단어 없이 사랑을 말하고 싶은 욕심이 생긴다. _ 김민정(숭실대)

트러플을 볶아 넣어 만든 것도 오믈렛이고, 그냥 소금과 후추를 적당히 뿌려 만든 것도 오믈렛이므로. 나의 문학은 노릇노릇 익어 가고 있다. _ 김현우(단국대)

남들보다 긴 입시를 준비하며 자기 합리화에 빠졌던 경험을 시로 썼는데 내일로 미뤄 둔 계획들을 다음 날에 또 내일로 미루는 이야기였다. 내 경험이 녹아든 이야기라서 쉽게 써졌다. 잠을 자려고 이불을 펼치면 어제 치우지 않았던 양말들이 책갈피처럼 나오는 상황을 썼다. _ 박윤서(한양여대)

하루도 빠짐없이 울었던 열한 살, 나는 누군가를 위로하고 싶어 안달이 나 있었다. 그 당시 내가 위로를 받고 싶은 입장이었기에 더욱 그랬던 것 같다. 솔직하게 위로받고 싶다고는 말하기 어려워서, 누군가를 위로하면 나도 같이 위로를 받으니까. _ 이소담(한양여대)

어스름한 새벽녘, 암막 커튼을 치고 불을 켜지 않아 깜깜한 방 안에서, 컴퓨터 화면 속에 잠을 향한 원망을 모두 눌러 담았다. 키보드를 두드리던 손을 멈추고 하얗게 번뜩이는 화면을 가만히 바라보는데 속이

가닐가닐했다. _ 이한서(단국대)

책은 주전부리며 새로운 관계성이었고 하나의 독보적인 '방'이 되어 주
었다. 냉탕과 온탕에 번갈아 가며 몸을 담그듯 나는 손쉽게 다른 세계로
이동하는 법을 알았다. 들어갈 때와 나올 때가 달랐다. _ 강한조앤(한양여대)

소설은 정직합니다. 더 많이 읽을수록, 더 많이 쓸수록 실력이 늘어납
니다. 누구도 반박하지 못할 사실입니다. 그리고 가장 중요한 건, 글을
수단으로 생각하지 않는 것, 글의 힘은 쓰는 사람에게 있고, 우리는 자
신의 힘을 글자에 녹여낸다는 것입니다. _ 강화평(단국대)

나는 이천 자 이내의 작품들을 골라 하루 두 편 정도 필사하는 것으
로 정해 두고, 기승전결이 어느 문단에서 나눠지는지를 보았다. 또 문구
점에서 논술 시험용 커다란 원고지를 사서 연습했다. _ 김아인(숭실대)

글을 읽으며 외롭지 않을 수 있었던 경험. 그런 경험을 하고 글을 쓰
고 싶다고 생각한 사람이 나 혼자가 아니었구나, 나는 혼자가 아니구
나, 알게 되었다. _ 이민진(숭실대)

아마 그때 그런 글을 쓰고 싶다고 다짐했던 것 같다. 어떻게든 사는
이야기 같은 것들. 사랑하는 사람이 죽었다고 세상을 멸망시키려는 이
야기보다 그 사람이 남긴 오래된 자동차를 수십 번째 고쳐 타다 결국 어
느 가을 마침내 시동이 걸리지 않는 장면으로 시작되는 이야기 같은 것
들을 쓰고 싶다고. _ 정수연(한양여대)

포기하지 않고 오늘도 한 줄을 쓴다면 분명 다음 날엔 더 멋진 한 줄을 쓸 수 있으리라 믿습니다. 꿋꿋하게 제 목소리로 소설을 쓰는 고집 있는 작가, 사라지는 존재를 기억하는 작가가 되기 위해 용기를 내 오늘도 책상 앞에 앉습니다. _ 한다혜(단국대)

오래 앉아 있기 위해 러닝머신 위에 오래 서 있는 요즘이다. 운동을 할 때면 감당 가능한 무게가 어느 정도인지 확인하곤 하는데, 방법은 간단하다. 1세트에 열 번의 왕복이 가능해질 때 무게를 조금씩 올려 본다.
_ 곽재민(단국대)

저희를 시로 이끌어 주신 교수님은 "시인은 이 세상에 유일무이한 한 사람"이라는 매혹적인 말을 해 주셨습니다. 그날부터 시집을 읽기 시작했고 분석과 창작으로 자연스럽게 이어졌습니다. _ 김병준(숭실대)

열심히 글을 쓴 밤이면 꿈을 꾼다. 꿈에서는 육중한 몸을 가진 고래가 되곤 한다. 우습게도 바다를 누비는 것이 아니라 잘 움직여지지 않는 지느러미를 펄떡이며 사막을 헤맨다. _ 유정윤(한양여대)

비교하기보다 자신이 가지고 있는 것을 찾아내고 함께 성장해 가는 기쁨을 맛보았으면 한다. 나만의 속도를 유지하며 최선을 다해 임한다면 너무 늦지 않게 결과는 도착할 것이라 믿는다. _ 임찬주(한양여대)

영원한 순간은 없고 우리는 그저 순간에 순간을 덧대어 살아간다는 것. 그리고 우리가 살아 있는 동안, 어쩌면 한 번 쓰인 기록은 영원할 수도 있다는 것이다. 나의 순간과 나와 함께하는 사람들의 순간을 기록하는 것을 오늘은 아름다움이라 적는다. _ 장대성(단국대)

습작을 할 때면 하루에도 수십 번씩 두 가지 마음을 오간다. 가령 글을 쓸 때야말로 가장 행복하다고 자부하면서도, 글이 안 써질 때면 이미 내가 쓰고자 하는 부류의 글은 이미 세상에 많은데 뭣 하러 글을 써야 할까 하는 절망에 빠져들기도 한다. _ 조민아(숭실대)

'모든 훌륭한 사람들의 뒤에는 반드시 기도하는 사람이 있다'는 얘기를 듣고는 손바닥으로 내 이마를 아프게 후려친 적이 있다. 눈물이 핑, 돌고 신음이 흘러나왔다. 나는 훌륭한 사람과는 꽤나 거리가 먼 부류이지만, 불현듯 우리 할머니 서금례 여사를 떠올렸다. _ 해이수(단국대)

작가가 되기 전 우리는 먼저 독자가 되어야 한다. 우리가 쓰는 모든 것이 문학이 될 수 있다면. 그 문학은 수많은 책의 문장들, 기억과 망각의 문장들로 가득한, 언어의 우주일 것이다. _ 김태용(숭실대)

대학 진학을 목표로 문학을 '공부'할 게 아니라 자기 예술의 토양을 만든다는 생각으로 지금을 즐기기 바란다. 글쓰기의 이모저모를 배우는 동시에 타인의 삶을 애정 어린 눈으로 살피면 좋겠다. 무릇 오래 빛나는 예술들은 어문과 자연과 역사와 철학 등에서 출발했다는 것도 알았으면 좋겠다. _ 김덕희(한양여대)

요즘 문창과 어때요?

2024년 8월 30일 1판 1쇄 펴냄

엮은이	해이수 김태용 김덕희
펴낸이	김성규
편집	김안녕 조혜주 한도연
디자인	신혜연
펴낸곳	쉬는시간
주소	서울 마포구 동교로17길 65, 501호
등록	2019년 9월 3일 제2022-000287호

ISBN 979-11-988905-0-4 44190
ISBN 979-11-984300-9-0 [44190] (세트)